全新增修版

人人都能學會

存股

全圖解

《Smart智富》真‧投資研究室 ◎著

CONTENTS

編者的話　愈早跨出第1步　愈快迎向財富自由 006

▶▶ Chapter 1
新手入門　必練基本功

1-1　開戶、下單、交割　眉角一次搞懂 012

1-2　學會計算股票交易成本　不怕獲利被侵蝕 020

1-3　逐筆交易正式上路　搞懂交易規則再進場 027

1-4　熟悉App交易介面　下單就能快、狠、準 041

1-5　進場前先擬定計畫　避免盲目投資 050

▶▶ Chapter 2
看懂財報　避開地雷股

2-1　掌握股利政策　了解公司營運穩定度 060

2-2　挑選營收長期向上標的　每年穩穩領股利 072

2-3　看懂股東權益報酬率　不怕誤踩陷阱 082

2-4　看自由現金流量　釐清配息真正來源 093

2-5　檢視公司負債比　避免投資有去無回 106

▶▶ Chapter 3
精挑好股　建立口袋名單

3-1　瞄準生命週期長產業　首選民生消費類股 120

3-2　鎖定龍頭股　5指標檢視財務體質 127

3-3　投資ETF　輕鬆擁有一籃子好股票 138

▶▶ Chapter 4
擬定策略　提升報酬率

4-1　定期定額買進　降低風險兼強迫儲蓄 152

4-2　掌握現金殖利率、本益比　抓對逢低加碼時機 167

▶▶ Chapter 5
靠除權息　加速財富累積

5-1　親自參與股東會　即時掌握公司股利政策 182

5-2　會配息的優質公司　才是存股族理想標的 191

5-3　股利所得合併計稅　對小資存股族更有利 203

▶▶ Chapter 6
定期檢查　存股汰弱留強

6-1　當企業出現「質變」　持股盡快出脫 216

6-2　2數據檢驗企業獲利　快篩營運惡化公司 225

▶▶ Chapter 7
優質標的　打造不敗組合

7-1　中華電》國內電信龍頭　營收與股利政策穩定 236

7-2　大統益》食用油品大廠　近5年ROE達23.9% 243

7-3　可寧衛》廢棄物處理領導廠　股利配發率逾80% 249

7-4　好樂迪》坐穩KTV連鎖市場　可視為安心存股標的 256

7-5　德麥》烘焙原料龍頭廠　揮刀進軍餐飲通路 262

愈早跨出第1步
愈快迎向財富自由

在定存利率只有 1% 左右，但消費者物價指數（CPI）年增率（通膨）卻常常跳到 1.5%、甚至更高的時代，找尋一個報酬率較高，同時風險又不太高的投資標的，不是當前的選項，而是必要事項，除非，你願意接受自己的未來會更窮。

那麼，什麼樣的標的，可以達到報酬率較高、風險卻不太高呢？存股就是其一。早期國人對於股票的觀念就是短期炒作、快進快出，因此剛聽到「存股」二字，往往露出狐疑的表情，股票又不是定期存款，真的可以拿來「存」嗎？萬一套牢了，誰來賠償我？

不可諱言，股票不同於定存，萬一賠錢了，真的不會有「存股保險」來賠償你，股票投資者須風險自負，那本書為什麼要提倡存股呢？真的有成功經驗可循嗎？其實，撇開存股的字面意義，這種投資行為就如同股神巴菲特（Warren Buffett）所提倡的長期投資，也就是巴老用來肯定一檔好股票的終極奧義：「如果可以，我希望永遠不要賣股票。」這正是成功的存股投資人所追求的目標，挑對一檔好股票，慢慢地累

積持有部位，靠著這家優秀公司的經營成果，帶來每年複利的成長效果。

這個複利效果有多驚人？如果一家公司每年獲利成長 10%，它也採取類似巴菲特掌控的控股公司──波克夏・海瑟威（Berkshire Hathaway）的不配股、不配息、讓股息滾入複利的策略，大約 7.2 年後，獲利就會成長 1 倍；14.4 年後，獲利是現在的 4 倍；28.8 年後，獲利是現在的 16 倍。

如果統一用本益比 10 倍來計算，28.8 年後的合理股價預計將是現在的 16 倍，亦即，現在投資 10 萬元，28.8 年後將是 160 萬元；現在投資 100 萬元，屆時將是 1,600 萬元。這還不包括一家穩健成長的公司，本益比可能被上調的好處，譬如台積電（2330）在 2019 年，其本益比從 1 月的 16 倍上調至 12 月的 26 倍。即使 2020 年 3 月遭逢新型冠狀病毒（俗稱武漢肺炎）疫情的影響，本益比都還有 19 倍。

以上的計算，為求方便說明起見，因此有些簡化，但不離其核心宗旨──好股票真的可以存，而且存愈久、賺愈大。從巴菲特到多位國內的存股達人，都已經成功做到了，而且方法不難。

不過，同樣的，也不是所有股票都可以存，否則巴菲特就不用賣股

票了。事實上，巴菲特不愛賣股票，但必要時他還是會賣股票，甚至不惜虧損也要賣，譬如他之前坦承錯誤投資英國最大零售商特易購（Tesco），導致慘賠數億美元。

雖然精明如股神也會看走眼，但還是要強調，存股真的不難，基本上只要能理解本書所提供的基本知識，並將標的分散為 5 到 10 檔股票，很容易就能達到一定的成果。如果剛開始對自己的選股沒信心，那麼買進元大台灣 50 ETF（指數股票型基金，其成分股為台灣市值最大的50 家公司，股號 0050），也是一種相對穩健的做法，重點是，起而行，跨出第 1 步，絕對勝過無止境的空想與不行動。

在使用本書時，因編排邏輯妥適性，故將個股財報檢視列入較前面的章節，不過也建議讀者，財報有一定的專業難度，若讀者本身對財報較不熟悉，亦無須卡在財報環節，建議先有基礎認知後再逕行往後閱讀，待全書閱畢，再重頭翻閱該章節，或是找相關財報專門書籍來補充。

而此次全新增修版距離上一次出版已經時隔 3 年，中間經歷《所得稅法》修法，廢除兩稅合一制、逐筆交易制度上路等事情，因此書中也因應這些改變而做了一番修正。另外，此次全新增修版亦新增第 7 章，針對一些適合存股的標的進行案例分析，希望讓大家在讀完此書以後，能夠學以致用，不會淪為紙上空談。

投資是不斷學習的過程，透過閱讀、學習、市場實證，不斷循環，才能獲取更深的體悟。在學習初期，或可降低自己的報酬目標，慢慢的，隨著選股能力精進，報酬率亦可向上提高。別忘了，早起步，早學會，才能早點享有時間複利的甜美果實。

《Smart 智富》真・投資研究室

▶▶ Chapter 1

新手入門
必練基本功

1-1 開戶、下單、交割
眉角一次搞懂

　　羨慕別人靠著存股，每年都可能獲得一筆豐厚的現金股利，但自己卻對股票一竅不通，不曉得如何踏出第 1 步嗎？別急，我們將帶著你一步步由認識股票開始，了解如何開戶、下單、完成交易的一切眉角。

　　股票，其實就是一種有價證券，由籌集資金的股份公司發行給參與投資的投資人（詳見圖 1）。投資人持有股票就代表持有此公司部分股權的憑證，也代表成為此家公司的股東，可分享公司成長所帶來的利潤，以及每年配發的股利。

　　除此之外，若一間公司營運良好、獲利持續成長，公司價值提升長期獲得市場肯定，就會推升股票價格上揚，投資人持有股票的價值也會大幅成長。但相反地，若是公司經營不當，投資人也要承擔公司運作失誤所造成的虧損風險。而存股的目標就是要找到營運穩定，能夠持續獲利，並且長期配發股利的公司。

　　股票要去哪裡買呢？難道需要直接跟公司買嗎？當然不是！目前台

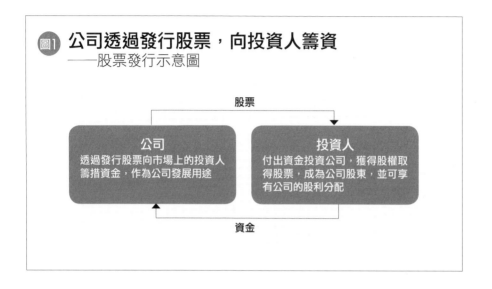

圖1 公司透過發行股票，向投資人籌資
——股票發行示意圖

股票

| 公司 | 投資人 |
| 透過發行股票向市場上的投資人籌措資金，作為公司發展用途 | 付出資金投資公司，獲得股權取得股票，成為公司股東，並可享有公司的股利分配 |

資金

灣所有的上市股票交易都是統一由台灣證券交易所提供平台撮合交易，形成股票市場，而一般投資人想要買賣股票則是需要透過證券商下單，才能至證交所撮合成交。

開戶》可透過臨櫃、線上 2 種方式

因此想要買股票，第 1 步就是要找一家合適的證券商開戶（詳見圖 2）。目前（2020.03.20）台灣有 72 家證券商可供投資人選擇，投資人可以就方便性、折扣優惠進行比較，選擇理想的證券商，只要備妥相關證件資料，即可親自臨櫃開戶，或是不想出門也可以利用網頁

系統、手機 App 線上開戶。此外，由於現在證券業競爭激烈，許多券商營業員也會願意出勤至投資人方便的地點，例如公司、住家，協助開戶。

　　完成證券戶開戶之後，投資人將會有 2 本存摺：一本為「證券集保帳戶」，用以記錄股票進出交易、持有股數，記錄單位是「股」；另一本則為「銀行交割帳戶」，此帳戶是用來交割股票買賣的價金，未來包括賣股票所得、現金股利、公司減資等金額都會匯入這個帳戶，是股票買賣的金流帳戶。

　　開好證券戶之後，就可以開始買股票囉！首先，關於買股票你要知道的是，股票不是每天 24 小時都可以交易的，而是只有在股市開市的時候才可以交易，也就是星期一至星期五的上午 9 點開盤至下午 1 點 30 分收盤之間才能交易，而遇上星期六、日及國定假日時則休市，無法交易（詳見表 1）。

下單》透過語音、網路下單，手續費較便宜

　　台灣股市的股票交易基本單位是 1 張，1 張是 1,000 股，而市場上的股價報價代表的則是每股的價錢，因此，如果 A 公司的股價為 17 元，則代表 1 張 A 公司股票為 1 萬 7,000 元（17 元 ×1,000 股）。

Chapter 1

Chapter 2

Chapter 3

Chapter 4

Chapter 5

Chapter 6

Chapter 7

圖2 已有券商配合的交割銀行帳戶者，可線上開戶
—— 證券戶開戶流程圖

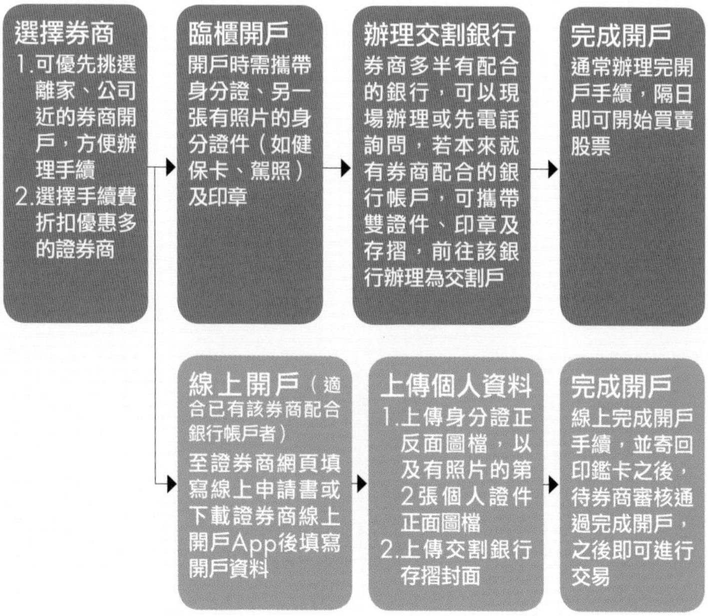

選擇券商
1.可優先挑選離家、公司近的券商開戶，方便辦理手續
2.選擇手續費折扣優惠多的證券商

臨櫃開戶
開戶時需攜帶身分證、另一張有照片的身分證件（如健保卡、駕照）及印章

辦理交割銀行
券商多半有配合的銀行，可以現場辦理或先電話詢問，若本來就有券商配合的銀行帳戶，可攜帶雙證件、印章及存摺，前往該銀行辦理為交割戶

完成開戶
通常辦理完開戶手續，隔日即可開始買賣股票

線上開戶（適合已有該券商配合銀行帳戶者）
至證券商網頁填寫線上申請書或下載證券商線上開戶App後填寫開戶資料

上傳個人資料
1.上傳身分證正反面圖檔，以及有照片的第2張個人證件正面圖檔
2.上傳交割銀行存摺封面

完成開戶
線上完成開戶手續，並寄回印鑑卡之後，待券商審核通過完成開戶，之後即可進行交易

接著，該了解怎麼下單買股票了。目前的下單方式有4種（詳見圖3）：1.臨櫃下單，也就是親自到證券公司下單；2.電話下單，打電話給營業員委託下單；3.語音下單，撥電話至券商的語音系統下單；4.網路下單，透過網路登入券商網頁或手機App下單。前2種方式，

表1	**整股交易時間為早上9點～下午1點半**

——股票交易相關資訊表

開盤／收盤時間	09：00開盤、13：30收盤，中間不休息可持續交易。遇例假日股市休市
交易單位	每次買賣基本單位為1張（1,000股）
漲跌幅限制	以前1日收盤價格為準，上下10%為漲跌幅限制。若前日收盤價格為100元，今日股價上漲上限則為110元，漲到110元時，稱為漲停板；下跌限制則為90元，跌至90元時，則為跌停板
成交金額	交易價金×交易張數×1,000股。若以50元買進2張B公司股票，則成交金額為10萬元（50元×2張×1,000股）
交易成本	買進：除成交金額外，需付交易手續費（為成交金額的0.1425%） 賣出：需付出交易手續費（為成交金額的0.1425%），以及證券交易稅（為成交金額的0.3%）
零股交易	可交易1股～999股，於每日收盤時間後，13：40至14：30於集中市場下單

因為需要人工幫忙下單，人力成本較高，因此交易手續費會比後2者高。一般來說，透過電子系統服務的語音以及網路下單，因為減少人力成本負擔，券商都會給予優惠折扣。

在人手一機的時代，網路下單已經是目前投資人最受青睞的下單方式。根據證交所統計，截至2018年12月為止，網路下單筆數占市場總成交比數的比重已經達到62.39%，而網路下單金額占比也高達

圖3 網路下單可透過券商系統或手機App
——現行4種股票下單方式

下單方式

臨櫃下單	電話下單	語音下單	網路下單
親自到證券公司臨櫃下單，交易手續費高	打電話給營業員，透過電話下單，手續費高	打電話至券商交易系統，透過語音下單，交易手續費較低	透過網路，利用手機App或是券商系統下單，手續費最低

61.34%。

　　便利性是最重要的因素，因為只要一機在手，就可以隨時隨地進行多筆下單交易，而且不僅操作介面愈來愈貼近使用者，許多券商的 App 更開發出多種符合使用者需求的服務，例如建立股票觀察名單、股票出現理想價位時的提醒功能等等，替上班族省去盯盤的困擾，且下單優惠又多（相關優惠折扣資訊詳見 1-2）。

　　在下單時，你必須要提供給營業員或是下單系統的資訊是：股票的股

Chapter 1
Chapter 2
Chapter 3
Chapter 4
Chapter 5
Chapter 6
Chapter 7

號、預定的買進價格，以及想要買進的股票張數。下單之後，若市場出現符合交易條件的價位及數量，交易撮合成功，就能完成交易，以理想價位買進股票。

交割》交易日的後2日內，需匯足金額至交割帳戶

成功買到股票之後，股票馬上就會出現在證券集保的帳戶中，至於要交割的費用，則需要在股票交易日的後 2 個營業日匯入交割帳戶，方便進行交割手續。市場上，將交易成功的當日稱為「T 日」，而匯款進入交割帳戶的最後時點則為「T＋2 日上午的 10 點」；賣出股票時，同樣也是會於成交後馬上就喪失股權，而應該拿到的價金則是於 T＋2 日匯入銀行交割帳戶。

一定要記得的是，買進股票後一定要在 T＋2 日上午 10 點前匯入足夠的交割金額，若忘記匯款，券商的營業員通常都會趕在交割期限前打催繳電話提醒，但如果交割期限之後，戶頭內的交割金額還是不足夠，那麼這筆交易就會變成「違約交割」。

違約交割可能會有民事以及刑事責任。依據「臺灣證券交易所股份有限公司證券經紀商受託契約準則」，一旦違約交割，在民事方面，券商可以成交金額的百分之 7 為上限收取違約金，甚至可以賣掉你戶

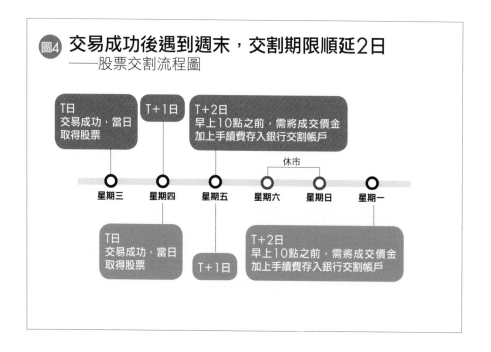

圖4 **交易成功後遇到週末，交割期限順延2日**
──股票交割流程圖

| T日 交易成功，當日取得股票 | T+1日 | T+2日 早上10點之前，需將成交價金加上手續費存入銀行交割帳戶 |

休市

星期三　　星期四　　星期五　　星期六　　星期日　　星期一

T日 交易成功，當日取得股票

T+1日

T+2日 早上10點之前，需將成交價金加上手續費存入銀行交割帳戶

頭中的持股以償還違約債務以及費用，或是註銷交易帳戶。若違約交割情節重大，例如違約交割金額、數量過於龐大，影響股票市場秩序，甚至可能遭檢察官起訴，面臨 3 年以上，10 年以下的刑責。

　　而且一旦有違約交割紀錄，將會在聯合徵信系統中留下不良紀錄，未來恐將影響投資人的信用評等，無法開辦其他證券帳戶，或不利於向銀行辦理各項貸款業務，可能會使可貸款金額降低，甚至無法貸款，投資人對此千萬要當心！

學會計算股票交易成本
不怕獲利被侵蝕

1-2

「我明明是用 50 元價位買進 1 張 A 股票，為什麼券商卻從我的戶頭扣超過 5 萬元？」「奇怪，我賣掉價值 9 萬元的股票，為什麼我的戶頭卻只有進帳 8 萬 9,000 多元，差額去哪裡了？」以上的問題，是許多股市新手初次交易後，第一次看到對帳單時，很容易出現的疑問，覺得帳戶進出金額怎麼跟當初下單的價格不一樣，「錢到底被誰拿走了呢？」

實際上，少掉的這些錢，是用來支付股票的「交易成本」了！

買賣股票時須繳交手續費、證交稅

除了成交價金之外，買賣股票時，還有 2 項費用要支付，分別是「手續費」、「證券交易稅」（以下簡稱「證交稅」），這 2 樣加起來就是買賣股票的交易成本。

在台灣法令規定，投資人若要買賣上市股票一定要透過券商作為中間

Chapter 1

Chapter 2

Chapter 3

Chapter 4

Chapter 5

Chapter 6

Chapter 7

 股票買賣成本約為成交金額的0.585%
——股票買賣成本計算公式

	手續費（給券商）	證券交易稅（給政府）
買進成本	成交金額 x 0.1425%	無
賣出成本	成交金額 x 0.1425%	成交金額 x 0.3%
買賣總成本	成交金額 x 0.2850%	成交金額 x 0.3%

註：買進、賣出都以相同價位假設

人，由券商代理股票買賣，而券商則會向投資人收取交易手續費用。目前規定券商可以向投資人收取最高每筆交易成交金額的千分之 1.425 作為手續費（詳見表 1），小數點以下無條件捨去，且多數券商都會規定，若單筆手續費金額不足 20 元時，以 20 元計算。

手續費是無論買進或是賣出股票時都要支付的，券商會在股票交割時，同時收取這筆費用，也因此投資人買進股票後，在交割戶頭內不只要準備交易價金，還要連同手續費一起附上，金額才足夠完成交割手續。

除了手續費之外，股票交易還有另一項成本就是證交稅，這是由政府所收取的稅收，只有在賣出股票時，才需要繳證交稅，買進股票時則不用收取。目前證交稅是以成交金額的千分之 3 收取，小數點以下同

樣無條件捨去。證交稅會在賣出股票後，成交金額匯入銀行交割帳戶時連同手續費一起被收取，這也就是為何賣出股票後，實際入帳的金額會低於成交金額的原因。

透過案例試算，搞懂須繳交多少交易費用

若你還是不清楚買進股票後，到底要付多少手續費？賣股票又會被收多少證交稅？透過以下案例試算，來一一弄清楚吧！

案例 1》買進整張股票

假設以每股 90 元買進 1 張（1,000 股）中華電（2412），要準備多少錢在銀行交割帳戶裡才夠交割？

買進金額＝成交股數 × 成交金額＝ 1,000 股 ×90 元＝ 90,000 元

買進手續費＝成交股數 × 成交金額 × 公定手續費率（0.1425%）
＝ 1,000 股 ×90 元 ×0.001425
＝ 128 元（手續費計算結果若有小數點則無條件捨去）

▶買進後要準備 9 萬 128 元（90,000 元＋ 128 元），才能完成交割。

案例 2》買進零股

　　假設以每股 90 元買進 100 股中華電，要準備多少錢在銀行交割帳戶裡才夠交割？

買進金額＝成交股數 × 成交金額＝ 100 股 ×90 元＝ 9,000 元

買進手續費＝成交股數 × 成交金額 × 公定手續費率（0.1425%）
＝ 100 股 ×90 元 ×0.001425
＝ 20 元（手續費不足 20 元，但多數券商會有單筆手續費最低門檻為 20 元限制）

◐買進後要準備 9,020 元（9,000 元＋ 20 元），才能完成交割。

案例 3》賣出整張股票

　　假設以每股 90 元賣出 1 張（1,000 股）中華電，銀行交割帳戶裡能夠收到多少錢？

賣出金額＝成交股數 × 成交金額＝ 1,000 股 ×90 元＝ 90,000 元

賣出手續費＝成交股數 × 成交金額 × 公定手續費率（0.1425%）
＝ 1,000 股 ×90 元 ×0.001425 ＝ 128 元（手續費計算結果若

有小數點則無條件捨去）

證券交易稅＝成交股數 × 成交金額 × 證券交易稅率（0.3%）
＝ 1,000 股 ×90 元 ×0.003 ＝ 270 元

▶賣出後能夠收到 8 萬 9,602 元（90,000 元－128 元－270 元）。

善用電子交易，手續費最低2.8折

　　投資股票就是希望能夠賺錢獲利，但買賣股票所需付的手續費跟證交稅成本，多少會侵蝕獲利，想要減少獲利受這些費用的影響，就需要壓低交易成本。而且股票交易成本要是能夠省下來，長期累積下來，對投資人來說也是一筆不小的金額。由於證交稅是政府稅收，不能不繳，因此投資人若是想要壓低交易成本，就要從券商手續費下手！

　　台灣目前有超過 70 家以上的券商，競爭相當激烈，券商為了爭取客源，目前多數都會祭出交易手續費打折的優惠，特別是現在網路、行動通訊普及的時代，投資人若是能夠善用網路、手機 App 下單，更可以爭取到夠優惠的折扣。

　　根據《Smart 智富》真·投資研究室的調查，目前市面上，網路、手

Chapter 1

Chapter 2

Chapter 3

Chapter 4

Chapter 5

Chapter 6

Chapter 7

表2 **多數券商都設有單筆最低手續費20元限制**
—— 券商網路下單手續費折扣表

折扣數（折）	券商	單筆最低手續費限制（元）
2.80	新光證券	20
3.00	台新證券	20
	大昌證券	15
	犇亞證券	8
	新百王證券	20
3.50	土銀證券	20
	台銀證券	20
3.60	大展證券	20
4.38	致和證券（若使用手機下單，可享3折）	20

註：資料日期至 2020.03.20，下單折扣優惠隨時都可能調整，請以各券商最新公告為準。統計只列入優惠折扣高於 5 折的券商；先前雖有券商下殺更低折扣，但因主管機關不希望券商過度殺價競爭，因此目前普遍折扣都到 3 折以上
資料來源：各券商

機下單手續費最優惠的是新光證券的 2.8 折（詳見表 2），也就是若手續費原先為 100 元的話，打過折之後就降至 28 元，可以省下高達 72 元。積少成多，在交易成本上面能夠省得愈多，亦能提升你的投資報酬率。

券商給予的手續費優惠多數是採用「月退制」，也就是下單交割時，券商仍會先扣足交易價金的千分之 1.425 作為手續費，等到月底時才

一次結算，折扣優惠的金額則會在下一個月匯入你的銀行交割帳戶。

除了月退制外，亦有部分券商是採取「日退制」，也就是每日就會將折扣後的手續費退回。優惠退款的時間不同，可能會造成交割帳戶現金流量上的差異，若是短期內交易數量大者要特別留意。相關優惠方式，都可以事前先向券商確認。

但儘管券商會給予下單手續費優惠，降低投資人要付的手續費，但仍不可忘記多數券商有單筆手續費最低 20 元的門檻，也就是說手續費經過打折後，就算低於 20 元，仍會以 20 元計算喔！

也因此，若想要將手續費率保持在最低，不想浪費每 1 元手續費的話，你就可以利用最低手續費 20.9999 元（因手續費計算方式為無條件捨去，故取最接近 21 元的金額）以及你的手續費優惠折扣，反推最划算的交易金額是多少。實際上該怎麼計算呢？請參考以下公式計算：

> **最划算交易金額（以下試算以最低手續費 20 元，手續費率優惠 5 折計算）**
> **＝最低手續費 ÷（手續費率千分之 1.425× 券商折扣）**
> ＝ 20.9999 元 ÷（0.001425×0.5）
> ＝ 29,473 元

Chapter 1

Chapter 2

Chapter 3

Chapter 4

Chapter 5

Chapter 6

Chapter 7

1-3 逐筆交易正式上路
搞懂交易規則再進場

投資人在了解股票基礎知識、開戶流程,也學會如何計算下單成本後,下一步就要帶領大家認識台股的交易制度。

過去台灣的現股交易,除了盤後定價交易是採取電腦自動撮合之外,基本上都是採取集合競價的模式。然而,為了與國際接軌、提升交易效率,證交所已經於 2020 年 3 月 23 日開始將盤中「集合競價」制度改為「逐筆交易」制度(詳見表 1)。

看到這裡投資人一定是滿頭問號,「集合競價」和「逐筆交易」到底是什麼東東?盤中交易制度改變對散戶會造成什麼影響呢?別擔心!下文就來為大家一一做說明:

集合競價》每5秒撮合1次,只有1個成交價

集合競價採取每 5 秒撮合 1 次,成交價的決定方式為「滿足最大成交量的委託價」,而且只會有單一成交價格。

在集合競價下，投資人的委託單只會有「限價單」一種。限價單是由投資人指定一個交易價格，股票只會在此價格或優於此價格下才會成交。也就是說，如果買方的買價為 107 元，表示買方最高只願意以 107 元的價格買進，因此只要賣方出價低於或等於 107 元都能成交；賣方剛好相反，如果賣方的賣價為 107 元，表示賣方最低只願意以 107 元的價格賣出，因此只要買方出價高於或等於 107 元都能成交。

除了只能以限價單進行買賣之外，集合競價的委託方式也只有一種，那就是「當日有效（Rest of Day，ROD）」。當日有效是指投資人將委託單送出後，到當天收盤前都會一直有效，直到委託數量全部成交為止。如果到收盤時仍有未成交者，則剩餘數量會自動取消。

舉例來說，小明想要買進 10 張 100 元的股票，可是，交易市場上目前只能成交 5 張股票，在此情況下，小明委託買進的 10 張股票裡面，只有 5 張能成交，剩餘的 5 張會繼續掛著。如果收盤前有人賣出 5 張低於或等於 100 元的股票，則小明剩餘的 5 張股票就會成交；如果到收盤前都沒有人用低於或等於 100 元的價格賣出，則小明剩餘的 5 張股票就會自動取消。

了解集合競價的委託單種類和委託方式後，接著就來看它的買賣成交順序。實務上，由於每位投資人對同一檔股票的看法都不一樣，有

表1 台股盤中交易制度從集合競價改為逐筆交易
——台灣股票交易制度

時間	2020年3月23日前	2020年3月23日後
盤前（08：30～09：00）	集合競價	集合競價
盤中（09：00～13：25）	集合競價	逐筆交易
收盤（13：25～13：30）	集合競價	集合競價

資料來源：證交所

人看多、有人看空，因此，在同一時間內常常會有不同的申報價出現。在此情況下，要如何才能決定買賣成交順序呢？主要是依據下列 2 種原則：

原則 1》價格優先

買方出價高者會優先成交，例如：申報價 107 元的買單會比申報價 106.5 元的買單優先成交；申報價 106.5 元的買單會比申報價 106 元的買單優先成交，可以依此類推；賣方則剛好相反，是出價低者會優先成交，因此，申報價 106 元的賣單會比申報價 106.5 元的賣單優先成交；申報價 106.5 元的賣單會比申報價 107 元的賣單優先成交，可以依此類推。

原則 2》時間優先

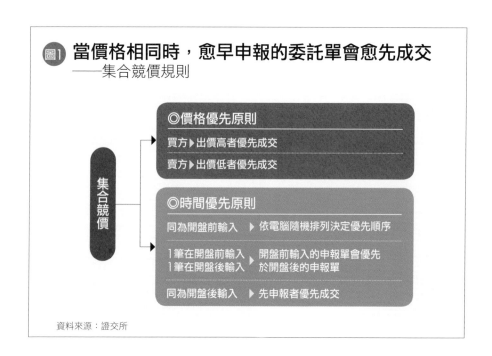

圖1 當價格相同時，愈早申報的委託單會愈先成交
——集合競價規則

集合競價

◎價格優先原則

買方 ▶ 出價高者優先成交

賣方 ▶ 出價低者優先成交

◎時間優先原則

同為開盤前輸入 ▶ 依電腦隨機排列決定優先順序

1筆在開盤前輸入 ▶ 開盤前輸入的申報單會優先
1筆在開盤後輸入　　於開盤後的申報單

同為開盤後輸入 ▶ 先申報者優先成交

資料來源：證交所

如果申報價格相同，卻只有部分張數能成交時，又該怎麼辦呢？例如：買進（或賣出）的申報價 105.5 元共有 10 張，但是卻只有 7 張能成交時，要怎麼決定誰的單子會成交呢？

這個時候就必須依照時間優先原則：1.同為開盤前輸入：依據電腦隨機排列方式決定優先順序；2.1筆在開盤前輸入、1筆在開盤後輸入：開盤前輸入的申報單會優先於開盤後的申報單；3.同為開盤後輸入：早輸入者優先成交（詳見圖1）。

表2
在集合競價下，會以105.5元的價格成交62張
——集合競價範例

假設某檔個股的最佳5檔買賣價量資訊如下：

累計買方張數 （張）	買進張數 （張）	買賣申報價格 （元）	賣出張數 （張）	累計賣方張數 （張）
10	10	107.00	10	117
30	20	106.50	25	107
55	25	106.00	20	82
65	10	105.50	22	62
66	1	105.00	40	40

集合競價後
▽

累計買方張數 （張）	買進張數 （張）	買賣價格 （元）	賣出張數 （張）	累計賣方張數 （張）
0	0	107.00	10	55
0	0	106.50	25	45
0	0	106.00	20	20
3	3	105.50	0	0
4	1	105.00	0	0

說明：
由於集合競價必須滿足最大的成交張數，因此會有62筆交易以105.5元的價格成交。
而買方申報價格105.5元的10張股票裡，只有最先申報的7張股票會成交

　　投資人光看上述的文字說明，可能不是很好理解集合競價到底要怎麼操作，別擔心，下面我們將舉一個例子進行說明，以幫助讀者能夠馬上了解它的交易規則（詳見表2）：

假設某檔股票的最佳 5 檔買賣價量資訊為 107 元（買進 10 張、賣出 10 張）、106.5 元（買進 20 張、賣出 25 張）、106 元（買進 25 張、賣出 20 張）、105.5 元（買進 10 張、賣出 22 張）、105 元（買進 1 張、賣出 40 張）。在集合競價的情況下，成交價格和張數會是多少？

由於集合競價必須滿足最大的成交量，而且只能有單一成交價，因此，最後投資人的成交價格會是 105.5 元，可以撮合 62 筆交易。其中買方申報價格 105.5 元的 10 張股票裡面，只有最先申報的 7 張股票可以成交。

逐筆交易》隨到隨撮，1筆委託單有多個成交價

了解完集合競價制度後，接著再來看逐筆交易制度。逐筆交易是採取「隨到隨撮」的方式，而且成交價的決定原則為「委買價格或委賣價格符合條件者即能成交」，因此，一筆委託單可能會有多個成交價格，而且逐筆交易還提供「即時交易資訊」與「5 秒行情快照」（指每 5 秒提供行情），讓交易資訊更加透明。

在委託單種類上，逐筆交易制度除了「限價單」之外，還多出了一個「市價單」的選項。市價單是指不指定價格，由個股當下的即時成交

Chapter 1
Chapter 2
Chapter 3
Chapter 4
Chapter 5
Chapter 6
Chapter 7

價來買賣，因此，投資人就有可能買在最高價，也就是漲停板；當然也有可能會賣在最低點，也就是跌停板。因為市價單有可能會成交在很差的價格上，所以比較適合急於在當天一定要成交的投資人。

然而，投資人在使用市價單時必須要注意：1. 沒有漲跌幅限制的證券（例如：新上市股票）和處置證券，不得以市價進行委託；2. 平盤以下不得做空證券，不能用市價進行融券或借券賣出。

另外，因為逐筆交易是採取隨到隨撮，所以當行情波動提高時，市價單可能會買貴或賣低，因此，證交所在盤中同步實施「瞬間價格穩定措施」，也就是說，當成交價超過前 5 分鐘加權平均價的 3.5% 時，就會延緩 2 分鐘撮合。2 分鐘過後以「集合競價」撮合一次，再恢復成「逐筆交易」。也就是說，證交所提供 2 分鐘的時間讓投資人冷靜一下，避免市場過熱，或有投資人做出不理智的決策。

逐筆交易除了委託單的種類與集合競價有所不同外，在委託方式上也略有差異。逐筆交易所採用的委託方式共有 3 種（詳見表 3）：

1. 當日有效（ROD）：與集合競價的委託方式相同，指委託送出後，到當天收盤前都會一直有效，直到委託數量全部成交完畢為止。如果到收盤時一直無法成交，則剩餘數量會自動取消。

表3 **逐筆交易新增了IOC與FOK的委託方式**
──逐筆交易的3種委託方式

委託方式	委託內容
當日有效（ROD）	委託單送出後，投資人只要不刪單，直到當天收盤前，委託單都是有效的
立即成交或取消（IOC）	投資人的委託單送出後，可以部分成交，而未成交的部分會立即取消
全部成交或取消（FOK）	除非委託單裡的張數「可以全部成交」，否則委託單就會失效

資料來源：證交所

2. **立即成交或取消（Immediate or Cancel，IOC）**：指如果無法立即成交的委託單，將會自動取消委託。

3. **全部成交或取消（Fill or Kill，FOK）**：指如果委託不能全部成交，就全數取消。

舉例來說，假設投資人小明想要買進 10 張股票，不過，此時市場上只能夠成交 5 張股票，在逐筆交易下，不同的委託單會有何差異？如果是「當日有效（ROD）」，成交 5 張股票，剩餘 5 張股票會繼續掛著，到當天收盤前都會一直有效，直到委託數量全部成交為止。如果到收盤時仍未成交，則剩餘數量會自動取消；如果是「立即成交或取

Chapter 1

Chapter 2

Chapter 3

Chapter 4

Chapter 5

Chapter 6

Chapter 7

 表4 **逐筆交易上路後，盤前與收盤只能用限價ROD**
──逐筆交易各時段委託方式

時間	委託方式
盤前（08：30～09：00）	限價ROD
盤中（09：00～13：25）	限價ROD、限價IOC、限價FOK、市價ROD、市價IOC與市價FOK
收盤（13：25～13：30）	限價ROD

註：盤中實施「瞬間價格穩定措施」時，市價單、IOC、FOK 都會被退單
資料來源：證交所

消（IOC）」，成交 5 張股票，剩餘 5 張股票自動取消；如果是「全部成交或取消（FOK）」，10 張股票全部自動取消。

從前述可知，逐筆交易的委託單種類有 2 種、委託方式有 3 種，因此加起來一共有 6 種不同的下單方式：限價 ROD、限價 IOC、限價 FOK、市價 ROD、市價 IOC 與市價 FOK。其中，限價 ROD 的交易方式與集合競價相同，因此，如果散戶不知道 6 種委託方式有什麼區別的話，可以選用限價 ROD 即可。

不過，投資人要注意的是，由於目前台灣只有將台股盤中的交易方式改成逐筆交易，因此，市價單和 IOC、FOK 的委託方式，只有在盤中（不含實施「瞬間價格穩定措施」時）才有效（詳見表 4）。假設投資

人在開盤前、盤中實施「瞬間價格穩定措施」時或收盤時掛出市價單和 IOC、FOK，都會被退單。

雖然逐筆交易的委託方式與集合競價有很大的不同，但是，在買賣成交順序卻沒什麼差異，同樣是遵循價格優先原則（買方出價高者優先成交；賣方出價低者優先成交）和時間優先原則（先申報者優先成交）。

然而，要注意的是，採用逐筆交易時，市價單會比限價單優先成交，包含漲停買進、跌停賣出時也是一樣，也就是說，盤中的市價買單優先漲停買進委託、市價賣單則優先跌停賣出委託。

新增「委託改價」功能，免刪單能直接改價

除了前述的差異之外，逐筆交易制度上路還新增了「委託改價」功能，也就是投資人可以直接修改「限價 ROD」的價格，不用像以前一樣要先刪除舊單，再重新委託一張新單，比較起來方便多了。

不過，委託改價功能同樣有一些限制：1. 限價單不可改為市價單；2. 市價單不可改為限價單；3. 對於平盤以下不得放空的有價證券，選擇以「借券賣出」或「融券賣出」的投資人，不得將「限價 ROD」的價格改為平盤以下。

Chapter 1

Chapter 2

Chapter 3

Chapter 4

Chapter 5

Chapter 6

說了這麼多，相信投資人光看文字敘述還是不能理解逐筆交易的操作方式吧？我們同樣舉幾個例子來解釋。為了讓投資人更清楚逐筆交易的運作模式，我們將買進和賣出分開說明：

買進》符合條件者，依賣出申報價由低至高成交

假設某檔股票最佳 5 檔買賣價量資訊為 107 元（買進 0 張、賣出 50 張）、106.5 元（買進 0 張、賣出 40 張）、106 元（買進 0 張、賣出 30 張）、105.5 元（買進 0 張、賣出 20 張）、105 元（買進 0 張、賣出 10 張）。假設此時投資人小王輸入一筆以 106 元買進 50 張的限價 ROD 單，在逐筆交易下，小王的成交價格和張數分別是多少？

由於逐筆交易是採取隨到隨撮的方式，而且當買進申報價高於或等於先前最低賣出申報價的話，會依照先前申報的賣出價由低至高成交。舉例來說：買進申報價為 106 元，高於先前最低賣出申報價 105 元，則此時小王的委託單會依照 105 元、105.5 元、106 元的價格，依序由低至高成交。

因此，小王的成交價格和張數分別為 105 元 10 張、105.5 元 20 張和 106 元 20 張（詳見表 5）。其中，申報價格 106 元的賣單中，如果有市價單者，市價單會優先成交；如果沒有，則依照輸入順序依序成交。

表5 逐筆交易下，買進成交價依賣價由低到高成交
—— 逐筆交易之買進範例

假設某檔個股的最佳5檔買賣價量資訊如下：

買進張數（張）	買賣申報價格（元）	賣出張數（張）
0	107.00	50
0	106.50	40
0	106.00	30
0	105.50	20
0	105.00	10

價格優先：賣出方出價低者優先成交

投資人小王以106元價格買進50張（限價ROD單）

逐筆交易後

成交順序	成交價（元）	成交量（張）
1	105.00	10
2	105.50	20
3	106.00	20

申報價格106元的買單中，如果有市價單，市價單會優先成交；若無，則依照輸入順序依序成交

說明：
根據逐筆交易規定，當買進申報價高於或等於先前最低賣出申報價的話，會依照先前申報的賣出價由低至高成交

賣出》條件符合者，依買進申報價由高至低成交

假設某一檔股票最佳5檔買賣價量資訊為107元（買進10張、賣出0張）、106.5元（買進20張、賣出0張）、106元（買進30張、賣出0張）、105.5元（買進40張、賣出0張）、105元（買進50張、賣出0張）。假設此時投資人小陳輸入一筆以106元賣出50張的限

Chapter 1

Chapter 2

Chapter 3

Chapter 4

Chapter 5

Chapter 6

Chapter 7

 表6 **逐筆交易下，賣出成交價依買價由高到低成交**
——逐筆交易之賣出範例

假設某檔個股的最佳5檔買賣價量資訊如下：

價格優先：買進方出價高者優先成交

買進張數（張）	買賣申報價格（元）	賣出張數（張）
10	107.00	0
20	106.50	0
30	106.00	0
40	105.50	0
50	105.00	0

逐筆交易後

投資人小陳以106元價格賣出50張（限價ROD單）

申報價格106元的賣出單中，如果有市價單，市價單會優先成交；若無，則依照輸入順序依序成交

成交順序	成交價（元）	成交量（張）
1	107.00	10
2	106.50	20
3	106.00	20

說明：
根據逐筆交易規定，當賣出申報價低於或等於先前最高買進申報價的話，會依照先前申報的買進價由高至低成交

價 ROD 單，在逐筆交易下，小陳的成交價格和張數分別是多少？

　由於逐筆交易是採取隨到隨撮的方式，而且當賣出申報價低於或等於先前最高買進申報價的話，會依照先前申報的買進價由高至低成交，因此，小陳的成交價格和張數分別為 107 元 10 張、106.5 元 20 張

逐筆交易為隨到隨撮，可加快台股交易速度
——集合競價 vs.逐筆交易

項目	集合競價	逐筆交易
交易效率	每5秒撮合1次	隨到隨撮
價格決定	滿足最大成交量的委託價為成交價，只有單一成交價格	依據已經出價的對手方價格依序成交，一筆委託可能於瞬間產生多個成交價格
資訊揭露	提供成交後資訊	提供成交前、成交後資訊
委託種類	限價——當日有效（只有1種委託種類）	1.限價——當日有效（ROD） 2.限價——立即成交或取消（IOC） 3.限價——全部成交或取消（FOK） 4.市價——當日有效（ROD） 5.市價——立即成交或取消（IOC） 6.市價——全部成交或取消（FOK）

資料來源：證交所

和 106 元 20 張（詳見表 6）。申報價格 106 元的買單中，如果有市價單，市價單會優先成交；如果沒有，則依照輸入順序依序成交。

看到這裡，相信大家都已經能區分「集合競價」和「逐筆交易」的區別了吧！簡單來說，逐筆交易就是讓交易速度變得更快、資訊變得更加透明（詳見表 7）。不過，如果投資人還是不了解這 2 種制度的差別的話也別擔心，因為對於存股族來說，在盤中只要選擇「限價 ROD」的模式，操作上就會和以前沒什麼區別，因此不用太過焦慮。

Chapter 1

Chapter 2

Chapter 3

Chapter 4

Chapter 5

Chapter 6

Chapter 7

1-4 熟悉App交易介面
下單就能快、狠、準

在了解股票基礎知識、開戶流程,也學會如何計算下單成本之後,下一步就要進入實戰教學,學會如何下單買賣股票。

透過前面篇章,你已經知道要買賣股票必須經過券商,而方式則有臨櫃下單、直接打電話向營業員下單、語音下單,或是利用網路透過電腦、手機 App 下單。而在手機盛行的時代,App 下單是愈來愈多人採用的方式。

股市開盤前,可提早掛當日的委託單

雖然不同的下單方式有各自不同的流程,但是股票交易的基本原則是不變的,因此只要熟悉交易規則,下單一點也不困難。這篇文章將會分別以電腦、手機 App 下單,講解下單的各種眉角。

但要注意的是,下單時最怕的就是下錯單!也就是要小心不要買錯標的、報錯價位或張數,因為下錯單且成交時,多花錢事小,若是買到

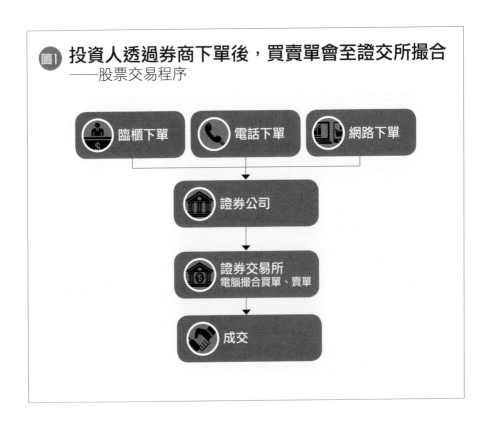

圖1 投資人透過券商下單後，買賣單會至證交所撮合
——股票交易程序

- 臨櫃下單
- 電話下單
- 網路下單

↓

證券公司

↓

證券交易所
電腦撮合買單、賣單

↓

成交

超過自己能負擔的金額，造成違約交割可就事大，不僅會影響自己的信用紀錄，恐怕還會有刑事責任。

買賣股票時，所謂的下單指的就是「下委託單」，由投資人提交委託單給券商，由券商到市場上撮合完成交易（詳見圖1）。台股目前的交易時間為週一至週五的早上9點至下午1點30分，中間不休息。不過，

Chapter 1

Chapter 2

Chapter 3

Chapter 4

Chapter 5

Chapter 6

Chapter 7

 圖2 **下午2點～2點半，可提交盤後定價交易委託單**
──股票交易時間軸

| 08：30 | 09：00 | 13：30 | 13：35 | 14：00 | 14：30 |
| 可開始掛當日委託單 | 台股開盤 | 台股收盤 | 可開始掛隔日預約單 | 可提交盤後定價交易委託單 | 電腦隨機撮合盤後定價交易委託單 |

其實投資人可以提早在早上 8 點 30 分，就可以開始掛當日的買進或賣出委託單（詳見圖 2），等待台股正式開盤之後，進行買賣撮合。

除此之外，在目前網路時代，更可以利用電腦或是手機 App 在當天下午 1 點 35 分之後至隔日上午 8 點 30 分之前，提早下好預約單，幫自己省下時間，而預約單的有效期限則僅止於隔日。舉例來說，若你在 2 日下午 3 點或是 3 日凌晨 2 點掛出預約單，此預約單的有效期限為 3 日的交易時間內，逾期未成交將會作廢。

要注意的是，雖然逐筆交易制度上路以後，委託單種類和委託方式有增加，但是，由於市價單、IOC（立即成交或取消）和 FOK（全部成交或取消）只有在盤中（09：00 ～ 13：25）才能運作，因此預約單只能掛「限價 ROD（當日有效）」。

　　若是在台股當日收盤前，都無法交易成功，則在盤後還有一次成交的機會，就是「盤後定價交易」。投資人若能接受以收盤價交易，就可以在下午 2 點至 2 點 30 分時提交委託單，到了 2 點半時就會由電腦系統自動撮合，買賣的成交順序則由電腦隨機決定。

　　而提交委託單出價時有 2 種方式，分別為「市價」與「限價」。市價是指不指定價格，由個股當下的即時成交價來買賣，也因此投資人就有可能會買在最高點，也就是漲停板；也有可能會賣在最低點，也就是跌停板，所以，這種方式適用於急於在當日一定要成交的投資人。

　　另外一種出價方式——「限價」，則是由投資人自己指定交易價格，股票只會在此價格或優於此價格下才會交易成功，這種能控制買進價格的交易方式，比較適合長期投資、不追求當日一定要成交的投資人。

　　出價前還需要提醒的是，隨著每股價位不同，每一次股價漲跌的最小單位也不同，一般來說這個最小漲跌的單位就是「一檔」。股價處於的價位區間愈高時，則每一檔的漲跌單位就愈大，股價低時則漲跌單位也相對小（詳見表 1）。舉例而言，台積電（2330）開盤價為 319 元，則 1 檔即為 0.5 元，意味每次出價必須要以 0.5 元為單位，而當今台股股王大立光（3008）開盤價如果為 4,600 元時，則每次出價必須要以 5 元為單位。

Chapter 1

Chapter 2

Chapter 3

Chapter 4

Chapter 5

Chapter 6

Chapter 7

 每股股價高於1000元時，漲跌最小單位為5元
——不同股票價格區間的每檔價位

每股市價（元）	股價漲跌最小單位（元）
＜10	0.01
10～50（不含）	0.05
50～100（不含）	0.10
100～500（不含）	0.50
500～1,000（不含）	1.00
＞1,000	5.00

資料來源：台灣證券交易所

至於要如何出價才能提高成功機率呢？當然，人人都希望以最低價，甚至跌停價買進理想股票，以漲停板賣出手中股票，但這樣的機會並不常有，因此若想提高成交機會，還是要出一個買賣雙方都比較有可能接受的價格，此時就不妨參考最佳5檔，找最容易成交的價格帶。

參考最佳5檔價格，決定下單價格

最佳5檔分為委買、委賣區，表示現在投資人想買進跟賣出的各5個最佳但未成交的價格。透過最佳5檔，能夠幫助投資人判斷現在市場上多數人對此檔個股的股價看法，協助自己評估應該如何出價。

　　台股成交的順序，是以價格優先，再以時間順序優先排序。也就是說下單買進時，愈高價者優先成交，因此以「市價下單」者的成交順序會高於「限價下單」，都以限價出價時，則是以高價者優先；若是出價的價格都相同時，則是以出價時間早的為優先。

　　若是手邊的資金不夠多，不足以買進一整張股票，則買「零股」也是一個不錯的選擇。買賣零股與整股的最大不同在於，零股交易要等到每個交易日的下午 1 點 40 分至 2 點 30 分之間才能委託下單，並且在下午 2 點 30 分時撮合成交。但若是用手機 App 或電腦下單者，也可以提前預約隔日零股的委託單，但要提醒的是，零股的交易單位是「股」不是「張」，可下單數量為 1 股～ 999 股。

Chapter 1

Chapter 2

Chapter 3

Chapter 4

Chapter 5

Chapter 6

Chapter 7

圖解教學❶ 用券商的手機App下單

STEP 1

此處以玉山證券的「A⁺行動下單」為例,示範如何使用手機App交易。進入
App後,輸入❶「分公司、登入帳號、登入密碼」等相關資訊,如果不清楚自
己的分公司號碼,可以洽詢證券營業員。輸入完畢後按下❷「登入」。進入
系統後,點選❸「交易功能」

STEP 2

進入交易功能的頁面後,先點選❶「證券下單」;接著,點選商品處右方的
❷「搜尋」圖示。

接續
下頁

STEP 3

如果以71.65元買進1張元大台灣50（0050）為例，進入下單頁面後，在「請輸入股號或股名」處輸入❶「0050」，輸入完畢後點選❷「Search」；接著，依序點選❸「股票」，❹「0050元大台灣50」。

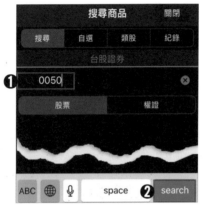

STEP 4

接著，在交易選擇❶「整股」，種類選擇❷「現股」。在條件可以選擇「ROD（當日有效）、IOC（立即成交或取消）、FOK（全部成交或取消），此處以❸「ROD」為例。在類別可以選擇限價或市價買進，此處以❹「限價」為例。在買賣選擇❺「買進」、單位選擇❻「1」。由於是整股買進，因此此處1即為1張，也就是1,000股。在價格處輸入自己想要的價格❼「71.65」。全部輸入完畢後，點選❽「下單」即可。

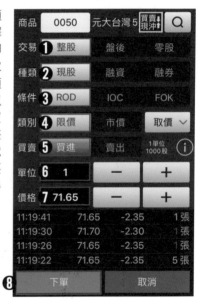

STEP 5 投資人如果是想要確認自己是否已經成功掛單，或是掛單是否成交，可以回到交易功能頁面，利用❶「證券—委託查詢」確認委託單內容，或是在❷「證券—成交回報」確認成交結果。

資料來源：玉山證券

Chapter 1
Chapter 2
Chapter 3
Chapter 4
Chapter 5
Chapter 6
Chapter 7

進場前先擬定計畫
避免盲目投資

1-5

現在你已經知道股票是什麼，也了解該如何下單了，是否已經躍躍欲試，迫不及待開始下單買股票了呢？但等等！在開始投資之前，你還有更重要的事情要做，就是先擬好你的投資目標與理財計畫！

一定會有人覺得不解，存股投資不是錢夠買股票就好了？何必弄得那麼麻煩呢？但是，這裡要提醒你，這樣隨興所至的態度絕對是投資的大敵！往往就是缺乏計畫性跟紀律的態度讓人投資失敗，不僅賺不到錢，甚至還有可能愈投資愈窮。

設定投資目標可由大到小、由遠至近

那麼第 1 步又該怎麼做呢？首先，就從設定投資目標與理財計畫開始。許多投資達人、理財專家都會強調設定投資目標以及理財計畫的重要性。為什麼要這麼做呢？這是因為設定投資目標和理財計畫，在實際執行投資時會有很多有形、無形的幫助。幫自己制訂投資計畫的好處有以下幾點（詳見圖 1）：

Chapter 1

Chapter 2

Chapter 3

Chapter 4

Chapter 5

Chapter 6

Chapter 7

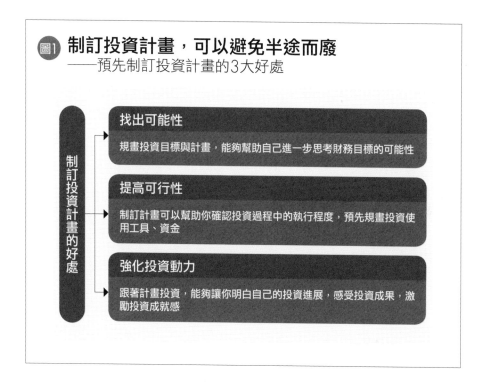

圖1 **制訂投資計畫，可以避免半途而廢**
——預先制訂投資計畫的3大好處

制訂投資計畫的好處

找出可能性
規畫投資目標與計畫，能夠幫助自己進一步思考財務目標的可能性

提高可行性
制訂計畫可以幫助你確認投資過程中的執行程度，預先規畫投資使用工具、資金

強化投資動力
跟著計畫投資，能夠讓你明白自己的投資進展，感受投資成果，激勵投資成就感

　　1. **能夠幫你釐清在投資路上的「可能性」**：想在 40 歲退休有沒有可能？能夠在 10 年內存到 500 萬元的資產嗎？面對以上的問題，有些人的直覺反應一定是「怎麼可能？」然而，這些目標真的遙不可及嗎？答案很可能並非如此。

　　更關鍵的是，很有可能你從未認真進一步思考過，就先否定了可能性。並不是說，你一定能在 40 歲退休，或是在 10 年內存到 500 萬元，

但是訂定投資目標跟理財計畫的好處，就是能夠幫助你在這個過程中了解自己，並進一步思考在財務目標的可能性。

2. 提高你長期投資的「可行性」： 存股投資是長期抗戰，並非一朝一夕就可以完成的，也不能「一天打魚三天曬網」。因此若是不事先擬定目標與計畫，確認自己可用的投資資金、階段目標等，很可能會導致你在投資途中迷惘、後繼無力，最後半途而廢，造成投資失敗。制訂投資計畫的好處就在於，你可以預先規畫投資能使用的工具、資金來源，調整相應的理財目標，避免眼高手低的狀況。

3. 加強自己的投資動力： 有了明確的目標跟計畫，你就能更確切知道你的投資進度，一旦達到階段性目標，例如已經存到價值 200 萬元股票，或是每年股利收入成長 10% 等，知道自己一步步朝向目標前進，相信能更加激勵你持續存股投資下去。

至於目標跟計畫要怎麼訂呢？目標可由大到小，由遠至近（詳見圖2）。也就是先訂定一個長期目標，例如退休前要存到價值 1,000 萬元股票，或是每年有 50 萬元的股利收入等，接著再依據長期目標訂定年度目標，例如今年要存下 25 萬元的投資資金，要存到 10 張股票等，最後則是依據今年目標訂定更細部的執行計畫，例如每月應該要存下多少錢，該準備多少投資資金等。

Chapter 1

Chapter 2

Chapter 3

Chapter 4

Chapter 5

Chapter 6

Chapter 7

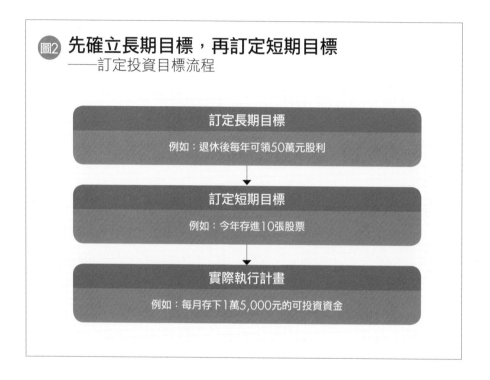

圖2 **先確立長期目標，再訂定短期目標**
——訂定投資目標流程

訂定長期目標

例如：退休後每年可領50萬元股利

訂定短期目標

例如：今年存進10張股票

實際執行計畫

例如：每月存下1萬5,000元的可投資資金

善用富人公式＋記帳，加速累積投資資金

在實際執行方面，則千萬不要忘記「收入－儲蓄或投資＝支出」的富人公式。對於沒存過錢，或是存不了錢的人，以及剛開始要展開投資旅程的人來說，這是一個相當有用的方式（詳見圖3）。

一般人多數都是受薪階級，絕大部分的收入來源是工作薪資，然而，

這一筆薪資不僅要支付日常食衣住行育樂等各項費用，也是投資跟儲蓄的主要來源，該如何分配運用就是關鍵。

每到發薪日，你是否會頓時覺得自己富有了起來，而稍微吃得好一點、多買一些喜歡的東西給自己，或是與朋友相約出遊？然而，很現實的狀況是「欲望無窮，但資源（薪資）有限」，因此當你先滿足了自己的各項欲望時，剩下來能夠存的錢往往就少得可憐，更不要說投資了。

為了避免這樣的狀況發生，當每月薪資發下來時，建議你至少先把緊急預備金以及投資金額兩部分的資金留存下來，剩下的才用來支應生活中的各項花費，而你若是已存好緊急預備金，就可以專心把每月保留的資金用於投資。

至於每個月該留下多少錢來存股投資，雖然沒有標準答案，但是建議這個目標要稍微設得有點挑戰性，更能加速你的投資效率，若是想積極一點，可以每個月收入的 1/3 作為存股投資資金。另外，緊急預備金應該要留多少，也同樣視個人狀況不同調整，但一般建議至少要有 6 個月的生活支出水準。

如果能夠做到以上的要求，恭喜你至少在投資理財的路上及格了，但

Chapter 1

Chapter 2

Chapter 3

Chapter 4

Chapter 5

Chapter 6

Chapter 7

圖3 **每月收入扣除儲蓄或投資資金後，才是生活支出**
　　──富人公式

收入 － 儲蓄或投資 ＝ 支出

緊急預備金
至少準備足夠6個月生活水準的支出。例如每月平均需要2萬元的基本開銷，則戶頭應備有12萬元

每月存股資金
達人建議若想要對於存股效果更有感，則建議以每月收入1/3作為存股資金目標

是，若想要更進階，在投資路上走得更快一點，「記帳」就是你的好幫手！

前面我們說應該要將收入扣掉投資資金，剩餘的錢才用於支付生活其他費用，然而，這些支出真的都是非花不可的嗎？有沒有一些其實是沒那麼必要的？有沒有一些其實是可以省下來去投資的？

透過記帳並且事後進行分析，你可以更清楚檢視自己的各項花費，抓

出自己在生活上的「拿鐵因子」（詳見名詞解釋），刪除不必要的花費，而這些省下來的錢就可以再放進投資資金中。

記帳的基本做法可以從「流水帳」做起，也就是每一項花費都鉅細靡遺地記下來，透過這樣持續不間斷記帳，更能清楚剖析花費去處以及習慣，從中區分「想要」與「必要」，以及這中間是否有改善空間，例如一定要每天喝飲料嗎？本月是否添購太多服飾，是不是需要降低購買頻率等等。

除了可以利用自製表格記帳之外，現在智慧型手機普及，亦有不少手機記帳 App 推出，幫你將支出分門別類，統計各項花費占比，甚至還能設定預算上限，倒數你本月還剩下多少額度可以用，並提醒你花費已經超過你的預算了。而且手機記帳的最大好處是，可以隨時隨地記帳，只要有花費就可以當場記錄，降低遺漏的可能性。

名詞解釋　拿鐵因子

拿鐵因子是由美國理財專家、金融作家大衛・巴哈（David Bach）所提出的，指出人們若能夠節省每日看似微不足道的花費，例如每天一杯拿鐵咖啡，其實可以累積出一筆可觀的金額。而且若將省下來的錢投入適當的財務工具，長期下來就能發揮驚人的效果，提醒所有人就算是小錢，也不該輕忽其所能產生的未來價值。

Chapter 1
Chapter 2
Chapter 3
Chapter 4
Chapter 5
Chapter 6
Chapter 7

圖解教學　善用記帳App設定預算上限提醒

進入Expense Manager 費用管理App首頁，可以看到當月累積支出金額。選擇左上方的❶「概述」欄目

選擇❶「Budget」（預算），進入畫面之後，就可以看到各項費用支出以及當月整體累積費用支出金額。可以點選各項費用或是累積費用以設定預算上限，在此以點選❷「整體」來設定預算上限，輸入❸「20000」元預算上限，並按下❹「確定」。

接續
下頁

STEP 3 設定好之後，就可以在「整體」的右半部看到❶設定的預算上限，左半部則是❷已經花費的金額。而且回到首頁之後，每次使用記帳App的時候，就能夠看到App提醒❸本月還剩下多少金額就達到預算上限。

資料來源：Expense Manager 費用管理 App

▶▶ Chapter 2

看懂財報
避開地雷股

2-1 掌握股利政策 了解公司營運穩定度

　　如果想要當一個長期的存股投資人，「股利政策」是觀察一間公司是否值得納入存股名單時絕對不可錯過的重點。因為透過了解一間公司長期的股利政策，不僅可以一窺公司營運的穩定度以及對待股東的態度，更重要的是，「股利」關乎的正是對於存股族來說最重要的現金流來源。

　　所謂股利，簡單來說，其實就是公司將每年所賺到的盈餘，在隔年分配給股東的紅利，可以分為「現金股利」以及「股票股利」兩種，也就是「配息」與「配股」（詳見圖1）。又因為存股最主要的目的，就是希望能夠得到穩定的現金流，因此在這兩種股利中，投資人應該先將目光聚焦在「現金股利」的配發上，因為只有現金股利才是投資人每年真正可以拿到的現金。

　　除了現金股利之外，「現金股利發放率（或稱「配息率」）」也是股利政策的重點。股利來源為公司每年的盈餘分配，而現金股利發放率也就是指盈餘中有多少比率用以作為現金股利發放（詳見圖2）。

圖1 股利可分為現金股利與股票股利
——年度盈餘可分配的股利種類

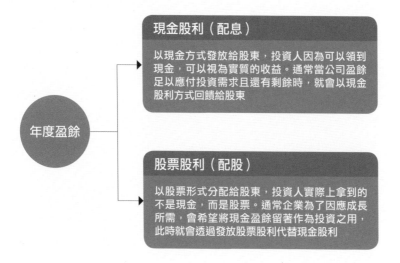

年度盈餘

現金股利（配息）

以現金方式發放給股東，投資人因為可以領到現金，可以視為實質的收益。通常當公司盈餘足以應付投資需求且還有剩餘時，就會以現金股利方式回饋給股東

股票股利（配股）

以股票形式分配給股東，投資人實際上拿到的不是現金，而是股票。通常企業為了因應成長所需，會希望將現金盈餘留著作為投資之用，此時就會透過發放股票股利代替現金股利

圖2 現金股利發放率為公司盈餘作為股利分配比率
——現金股利發放率計算公式

現金股利發放率 ＝ 現金股利 / 年度盈餘 × 100%

一般來說，一間公司的現金股利發放率愈高，就代表公司現金愈充足、營運愈穩定，就財務安全角度而言，也是相對可靠的公司；反之，若公司的現金股利發放率偏低，代表公司營運並未進入穩定期。對於追求穩定現金流的存股投資人而言，就不是理想的存股標的。

從3指標解析股利政策，挖出好標的

那麼，什麼樣的股利政策才是適合作為存股的好政策呢？主要有以下3個指標（詳見圖3）：

指標 1》現金股利最好穩定向上成長

作為理想的存股標的，現金股利一定要能穩定且持續發放。穩定發放的現金股利，除了代表公司營運穩定、財務可靠之外，更重要的是，對存股投資人而言，穩定的現金股利發放也就代表著穩定的現金流，因此若是企業的現金股利發放水準能夠具有一定程度的可預測性，對於投資人在財務規畫上也就更為有利。

而最為理想的存股標的，就是不只每年穩定發放現金股利，還能夠緩步成長。因為現金股利能夠長期持續向上成長的公司，不僅代表投資人每一年實際拿到的現金愈來愈多，能夠戰勝通膨壓力，更代表著企業基本面的強勁，營收跟現金流都在成長，也能夠將盈餘擴大回饋給

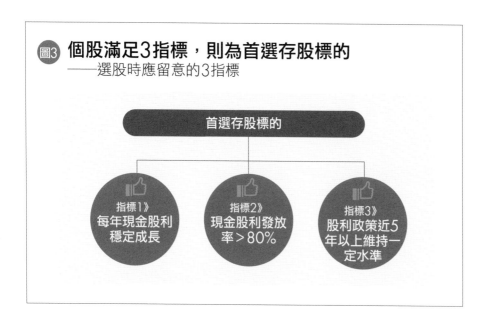

圖3 個股滿足3指標，則為首選存股標的
—— 選股時應留意的3指標

首選存股標的

指標1》
每年現金股利
穩定成長

指標2》
現金股利發放
率>80%

指標3》
股利政策近5
年以上維持一
定水準

Chapter 1

Chapter 2

Chapter 3

Chapter 4

Chapter 5

Chapter 6

Chapter 7

股東。

這樣的公司也是股神巴菲特（Warren Buffett）最為肯定且認同的投資標的，其長期持有的投資代表作之一——可口可樂（Coca-Cola，股號為KO）的股利已經持續發放且穩定成長達57年。

次佳的理想存股標的，則是現金股利雖不能年年成長，但至少保持在穩定水準、不衰退；而最不適合的存股標的，就是現金股利出現衰退，且現金股利發放水準波動大的個股，因為這樣的個股代表公司營運可

能還沒上軌道，獲利能力不穩定，無法幫助投資人打造穩定的現金流。

指標 2》現金股利發放率最好 > 80%

現金股利發放率是公司由每年盈餘中提撥作為現金股利的比率。一般來說，若公司仍處於成長期，需要現金用於擴廠、添購設備、研發等資本支出時，現金股利發放率就會比較低；但若是一間公司已經進入成熟期，營運穩定，不需要太多現金用於資本支出或擴張，則現金股利發放率就會較高，這樣的公司則是較為理想的存股選擇。

不過，現金股利發放率要多高才會是存股的好選擇呢？對於以存股為目的的投資人來說，現金股利發放率愈高則愈有利。恩汎理財投資團隊創辦人「星風雪語」，也就是被網友暱稱為「星大」的他建議，對新手來說，已經進入成熟期的公司，現金股利發放率最好在 80% 以上為佳。

至於有些現金股利發放率忽然大增，甚至超過 100% 的公司，星大則提醒，各公司現金股利發放率大增背後的原因不一，不可統一而論。但對於存股新手而言，建議觀察現金股利發放率應該還是以長期穩定為優先，而不是忽然在一夕之間衝高者。

有的公司現金股利發放率衝高是因為公司營運已經達到非常成熟的

圖4 企業進入成熟期,將拉高現金股利發放率
——企業營運3階段

成熟期
企業進入成熟期,擴廠、研發需求降低,投資機會減少,獲利、營運趨於穩定,更有能力配發現金股利或將保留盈餘也提出分配,甚至可讓現金股利發放率拉高到100%以上

成長期
企業進入成長期,仍須有高比例資金投入設備、研發,但隨獲利成長,已可開始配發現金股利給股東

草創期
企業處於草創期,大量現金用於擴廠、購買設備、研發技術,幾乎無法發放現金股利

階段,沒有其他的現金支出需求,而將過去的保留盈餘拿出來配發(詳見圖4),例如中華電(2412);但有的公司則可能是迫於股東會要求提高股利的壓力,或是借債發現金股利,推高現金股利發放率,這就屬於不理想的狀況。

指標3》股利政策近5年表現均有一定水準

另外,對於一家公司包括股利發放、現金股利發放率等股利相關數

據，則建議至少要觀察近 5 年以上的表現。星大指出，基本上 5 年已經包含了一個傳統的景氣循環，若企業在這個循環之間股利政策都能保持一定水準，代表企業營運能夠經歷景氣循環的挑戰，數據也更具有參考性。以下則將進一步以個股舉例說明：

優先買進股》現金股利長期成長──以瓦城（2729）為例

優先買進股可以連鎖餐飲集團瓦城（2729）為代表。近 6 年來，遠傳現金股利呈現長期成長趨勢，由 8.7 元成長至 13.6 元，現金股利發放率則在 82.86%～91.83% 之間，維持長期的高現金股利配發率（詳見圖 5），代表公司不僅能賺錢，也願意回饋給股東。

這樣營運穩定的公司，隨著股利上揚，也會受到市場的認同。瓦城的股價從 2013 年 1 月均價 195.5 元，迄今（截至 2020.03.02）已經上漲至 241 元，累積漲幅高達 23.27%，凸顯只要公司的股利政策穩健成長，投資人不僅每年可以領到的股利會增多，持有股票的價值也會愈來愈高。

次優買進股》股利不成長但穩定──以大台北（9908）為例

次優的買進股則是股利雖沒有成長，但仍能每年穩定發放的個股，大台北（9908）就是相當具代表性的標的。大台北主要業務是供應台北市的松山、信義、大安、大同、萬華、中正、中山等 7 個行政區天然氣，

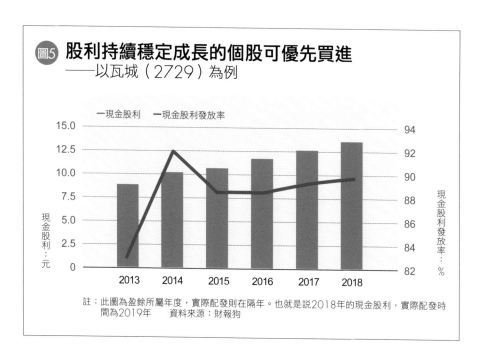

圖5 股利持續穩定成長的個股可優先買進
——以瓦城（2729）為例

── 現金股利　── 現金股利發放率

註：此圖為盈餘所屬年度，實際配發則在隔年。也就是說2018年的現金股利，實際配發時間為2019年　　資料來源：財報狗

是公用事業類股的龍頭股之一。

　　大台北的股利政策非常穩定，其現金股利長期都維持每年配發 1 元的水準，近 2 年更是提升至 1.1 元，而現金股利發放率則大多都能維持在 80% 以上（詳見圖 6）。買進像大台北這樣的個股，雖然股利不會成長，實際收益會受到通膨侵蝕，但好處是可以鎖定接下來每年能夠領到的股利金額，對於追求穩定收益的投資人來說，仍是相當符合需求的選擇。

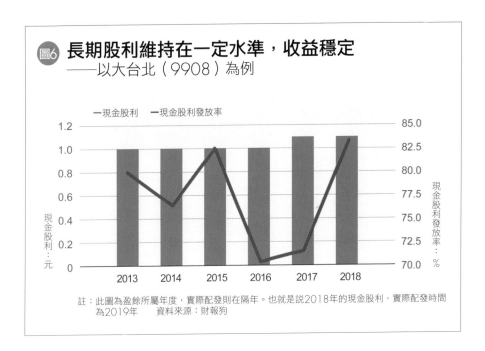

圖6　**長期股利維持在一定水準，收益穩定**
──以大台北（9908）為例

註：此圖為盈餘所屬年度，實際配發則在隔年。也就是說2018年的現金股利，實際配發時間為2019年　　資料來源：財報狗

　　這類過去股價波動不大、常被視為牛皮股的公用事業類股，近年來受低利率環境影響，也開始受市場青睞。大台北的股價從 2013 年 1 月均價 20.9 元，迄今（截至 2020.03.02）已經上漲至 31.7 元，累積漲幅 51.67%。

觀望股》股利不穩且衰退──以蒙恬（5211）為例

　　股利發放不穩且衰退的個股則最不適合存股，以下我們將以軟體廠商蒙恬（5211）為例。蒙恬在 2013 時，現金股利還有 1 元，2014

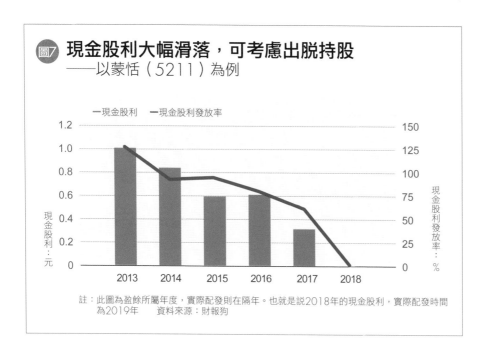

圖7 現金股利大幅滑落，可考慮出脫持股
——以蒙恬（5211）為例

現金股利　　現金股利發放率

現
金
股
利
：
元

現
金
股
利
發
放
率
：
%

註：此圖為盈餘所屬年度，實際配發則在隔年。也就是說2018年的現金股利，實際配發時間
為2019年　　資料來源：財報狗

年起現金股利則降至 0.84 元，之後每年的現金股利依序為 0.59 元、0.61 元、0.32 元、0 元，不僅波動大，長期更呈現衰退趨勢（詳見圖7）。

除此之外，蒙恬的現金股利發放率也極度不穩定，最低時只有 0%，但最高時卻達到 126.58%，其中更出現現金股利發放率拉高，但現金股利下滑的狀況，顯示公司獲利並不穩定，對於存股族而言並不利。蒙恬獲利、股利政策不穩定的狀況也讓長期投資人失去信心。蒙恬股

價由 2013 年 1 月均價 29.7 元，迄今（截至 2020.03.02）已經跌至 15.15 元，下跌幅度約 50%。投資這樣的個股，僅能靠藝高人膽大，在超跌時進場來賺價差，但若作為長期持股，一旦沒抓好買賣點，投資人恐怕會慘住「套房」。

圖解教學 查詢個股現金股利、現金股利發放率

STEP 1

進入「財報狗」網站首頁（statementdog.com），輸入想查詢的❶「股號／股名」，並且按下❷「搜尋」符號。此處以中華電（2412）為例。

STEP 2

進入個股頁面後，點選左欄的❶「獲利能力」再選擇❷「現金股利發放率」，就可以看到個股歷年來配發的現金股利金額與現金股利發放率。若想調整觀察時間長度，則可使用右上角的❸下拉式選單選擇，或者可手動輸入想觀察的時間長度。

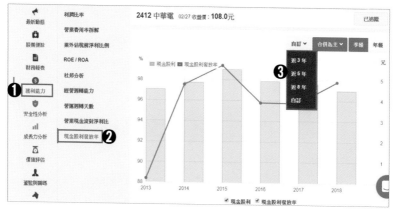

資料來源：財報狗

挑選營收長期向上標的
每年穩穩領股利

2-2

就算對財報數據一竅不通，你也一定常常會在媒體上看到「A公司營收創新高」、「B公司營收衰退，股價大跌」等標題，尤其是台股中的一些大型權值股，如鴻海（2317）、台積電（2330）、大立光（3008）等企業的每月營收更是媒體關注的焦點，這些企業的營收表現甚至能左右大盤的表現。

這是為什麼呢？因為營收就像是一間企業經營的「根」，有了營收，企業才能獲得利潤並持續成長，進而開花結果；若是一間公司連根都不穩，又怎麼能期待未來可以持續幫股東賺錢呢？因此營收可以說是觀察公司成長動能的重要關鍵，若是想要存股賺錢的人，就一定要懂得觀察營收。

營收為觀察公司營運狀況最即時的指標

營收是營業收入的簡稱，就是指企業因銷售產品、提供服務而獲得的各項收入，包括銷貨收入、佣金收入、租賃收入以及提供各種專業服

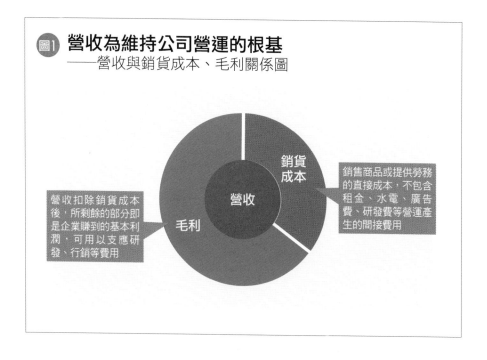

圖1 營收為維持公司營運的根基
——營收與銷貨成本、毛利關係圖

營收扣除銷貨成本後，所剩餘的部分即是企業賺到的基本利潤，可用以支應研發、行銷等費用

營收

銷貨成本

銷售商品或提供勞務的直接成本，不包含租金、水電、廣告費、研發費等營運產生的間接費用

毛利

Chapter 2
Chapter 3
Chapter 4
Chapter 5
Chapter 6
Chapter 7

務所收取的費用等。簡單來說，就是企業在扣除各項成本與費用之前的總收入（詳見圖1）。

營收有什麼重要性呢？營收是一間企業能夠繼續營運的基礎，也可以說是解讀企業財報的第1關。因為企業所有的營運活動，無論是生產、研發、行銷等都需要費用，這些費用則須由公司的獲利支應，而企業必須要先有營收才有能力創造利潤，因此說營收是企業的根基也不為過。而營收扣除成本後就是毛利，也就是企業經營所賺到的基本利潤。

　　反之，一旦營收下滑、萎縮，則其他的財報數據，包括毛利、盈餘也難逃下滑、萎縮的結果，勢必進而影響其他營運活動，行銷、研發部門的費用都將因此而縮水，員工也難以加薪，甚至可能面臨裁員危機。

　　除此之外，營收也是最即時的財務數字，可以說是財報的領先指標，最能率先反映企業的成長動能。為什麼這麼說呢？因為台灣法規規定，台灣上市櫃公司的每月營收，依照規定，必須要在次月10日之前公告，不像其他財務數字要等到季報或年報出爐時才會知道，因此在季報、年報沒有公布的空窗期，投資人若想要一窺公司營運的狀況，看營收就能得知最即時的資訊。

　　且營收與企業營運狀況息息相關，當一間企業營運擴張時，營收是最先反映的數字，因為營收將隨營運擴張成長，也因此對於存股投資人來說，營收就是觀察企業營運成長、持穩或衰退的關鍵財務指標。

　　實際上，若是企業營運、獲利模式已經穩定，營收一旦擴張，幾乎也就意味著獲利將跟著成長，不用等到季報出來，就可以預先判斷獲利會繳出好成績，並帶動股價上揚（詳見圖2）。

　　反之，當企業成長性消退時，也會優先反映在營收上，投資人就能將之視為警訊，持續觀察營收衰退是否已經形成趨勢，若是有此現象，

圖2 公司營收長期成長，可帶動股價一路上揚
——以台積電（2330）為例

—每月營收　—股價月均價

台積電營收持續創新高，
也帶動股價長期走揚

每月營收：億元

股價月均價：元

2013　2014　2015　2016　2017　2018　2019　2020

註：資料統計時間2020.03.20　　資料來源：財報狗

則投資人對此企業就必須更保守、謹慎看待，且此時個股股價恐怕也面臨下滑修正壓力（詳見圖3）。儘管存股是長期投資，不需要特別在乎短期股價波動，但若是營收變化已經形成趨勢，就需要考慮這檔股票的存股價值，以判斷持股部位是否需要調整。

存股標的營收應以穩定成長為佳

至於公司的營收成長狀況，到底應該要如何觀察呢？又該如何知道營

圖3 企業營收消退，連帶影響股價向下修正
——以宏達電（2498）為例

—每月營收 —股價月均價

宏達電營收自2013年高峰之後，一路下滑，股價也隨之溜滑梯，股價由300多元跌到30多元

註：資料統計時間2020.03.20　　資料來源：財報狗

收狀況是具有趨勢支撐，或僅是曇花一現？營收數據月月出爐，實際上又該怎麼比較？存股只能選營收高成長的公司嗎？

　　當然，一間企業營收能夠大幅成長，甚至是爆炸性躍進當然是好事，不過這並不容易。且能夠出現營收強勁成長的企業，多半是處於成長期或草創期的企業，又或是處於成長性產業。然而，這樣的企業營運、股價波動性都大，對存股族，特別是新手來說投資難度比較高，存起來也比較不安心。

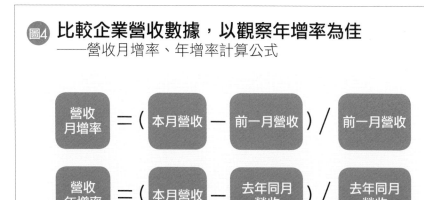

圖4 比較企業營收數據，以觀察年增率為佳
——營收月增率、年增率計算公式

營收月增率 ＝（ 本月營收 － 前一月營收 ）/ 前一月營收

營收年增率 ＝（ 本月營收 － 去年同月營收 ）/ 去年同月營收

　　相對之下，處於成熟產業中的企業若已經具備穩定的經營模式，其營收雖未必能有高度成長，但是卻多半能夠維持穩定緩成長，這樣的公司波動度較低，穩定成長的營收長期下來也將帶動股價走高。因此對於存股投資人來說，選擇標的時，與其選擇營收在短期間內出現爆炸性成長的企業，倒不如選擇營收成長幅度雖然不驚人，但能夠長期穩定向上的企業，穩穩賺股利。

　　至於應該如何觀察營收數據呢？企業營收比較的方式，分為「營收月增率」及「營收年增率」，月增率是拿本月營收與前一月營收相比較，年增率則是拿本月營收與去年同月營收相比較（詳見圖4）。

Chapter 2
Chapter 3
Chapter 4
Chapter 5
Chapter 6
Chapter 7

圖5　飲料大廠愛之味營收在8月時明顯衝高
——以愛之味（1217）月營收為例

單位：億元

註：資料統計時間2020.03.20　　資料來源：財報狗

　　一般來說，對存股族而言，營收月增率的參考性比營收年增率要低。一來是因為存股族比較不需在意短期的營收變化，二來是企業的業績會受淡旺季影響。

避免淡旺季影響，年增率較月增率具參考價值

　　舉例來說，如果是做冰品、飲料相關的公司，業績一定是在夏天7、8月的時候最好，進入秋、冬季之後，業績就會逐步減少，此時若拿單

月營收與前一月相比則勢必會下滑，但這是受到季節影響的正常現象，並不代表公司的營運轉壞了（詳見圖 5）。

因此，更適當判斷企業的營收是否具備成長性，採用「營收年增率」的方式較佳，因為將單月營收與去年同期相比，若是營收年增率能保持在一定的成長率，甚至逐步攀升，則代表這個企業處於長期的成長趨勢，是較為理想的存股標的。

但是如果營收年增率開始較去年同期衰退，甚至持續超過 3 個月、形成下滑趨勢的話，這樣的個股後勢就要密切觀察，至少不要因為看到股價便宜就輕率加碼投資，反而應從其他管道，如財經媒體的報導等去了解公司是否在經營面上出現大麻煩。

或者股東也可以直接打電話詢問企業發言人，倘若公司真的碰上難以翻身的困難，導致營收持續跌個不停，那麼投資人最好趁早跟它分手，一定要記得，可以跟你的錢談戀愛，但沒必要跟股票談戀愛。

Chapter 1
Chapter 2
Chapter 3
Chapter 4
Chapter 5
Chapter 6
Chapter 7

圖解教學　查詢公司營收、營收年增率

進入「財報狗」網站首頁（statementdog.com），輸入想查詢的❶「股號／股名」，並且按下❷「搜尋」符號。此處以中華電（2412）為例。

進入下一個頁面後，使用者將頁面往下拉，就能看到中華電的❶「每月營收」表現。

STEP 3 若要觀察營收年增率，點選❶「月營收年增率」後，即可看到單月營收年增率與月均價近年來的表現。

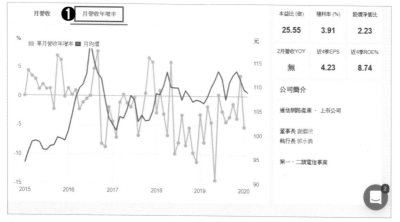

資料來源：財報狗

Chapter 1
Chapter 2
Chapter 3
Chapter 4
Chapter 5
Chapter 6
Chapter 7

2-3 看懂股東權益報酬率 不怕誤踩陷阱

　　股神巴菲特（Warren Buffett）曾在給股東的報告書上說，只要企業的股東權益報酬率（ROE）令人滿意、管理階層正直且認真、股價未被高估，儘管股價在上漲，或是已持有一段時間，他也不會輕易出脫手中持股。究竟什麼是 ROE ？為什麼連股神巴菲特都將其視為判別好公司的重要標準呢？

　　簡單來說，ROE 就是公司能夠運用股東出資的錢，創造出多少程度的獲利。其計算公式為「稅後淨利／股東權益 ×100%」，股東權益即是股東投資公司的錢，由於公司不需要償還，因此又被視為是公司的自有資金，也是公司的淨值（詳見圖 1）。如果 A 公司每年可以賺20 億元，全體股東投入的股東權益為 100 億元，ROE 就是 20%（20億元／ 100 億元 ×100%）。ROE 愈高，代表公司愈能有效利用股東資本，為股東賺取更多的報酬，因此數值是愈高愈好。

　　聽起來好像很難，其實就連日常買房投資也會用到 ROE。舉例來說，小華買了一間 500 萬元的小套房，其中 350 萬元是由小華自行出資、

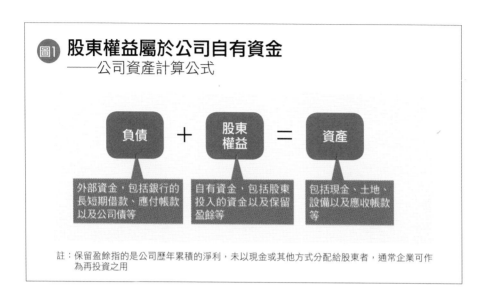

圖1 股東權益屬於公司自有資金
——公司資產計算公式

負債 ＋ 股東權益 ＝ 資產

| 外部資金，包括銀行的長短期借款、應付帳款以及公司債等 | 自有資金，包括股東投入的資金以及保留盈餘等 | 包括現金、土地、設備以及應收帳款等 |

註：保留盈餘指的是公司歷年累積的淨利，未以現金或其他方式分配給股東者，通常企業可作為再投資之用

另外的 150 萬元則是向銀行貸款。買進後，小華以每月 2 萬元的價格出租，扣掉水電、稅費等支出後，每月約剩下 1 萬元的實質租金收入，因此全年度的租金收入就是 12 萬元，ROE 就是 3.43%（12 萬元／350 萬元 ×100%）。

然而，如果小華完全不向銀行借錢，而用手頭上的現金一次付清，這樣 ROE 會變成怎麼樣呢？假設全年度的租金收入仍是 12 萬元，由於小華自行投入的錢增加到 500 萬元，分母變大，因此 ROE 就會縮水，變成 2.4%（12 萬元／ 500 萬元 ×100%）。相較於全數付清，小華只花 350 萬元，卻同樣可以每年賺到 12 萬元，整體資金運用效率較

高，因此 ROE 也會比較高。

許多人會用 EPS（每股盈餘，公式為「稅後淨利／已發行股數」）來評估企業獲利。但 EPS 和 ROE 不同，EPS 的分母是發行股數，若企業股票發行的數量較大，EPS 就會被稀釋；而 ROE 的分母是股東權益，不論哪間公司都是以「元」為單位，因此比較不同公司時，應以 ROE 為宜。

舉例來說，A 公司和 B 公司的稅後淨利和股東權益都相同，分別為 20 萬元和 100 萬元，因此 ROE 理應相同。但因為 2 間公司發行股數不同，A 公司發行 5,000 股、B 公司發行 1 萬股，因此從 EPS 來看，A 公司就比較高，但 2 間公司的獲利能力其實是相同的（詳見表 1）。

一般在使用 ROE 時，要注意穩定的 ROE 比絕對數字高來得重要。巴菲特在選股時，會希望公司連續 5 年的 ROE 都能在 15% 以上，因為他認為穩定的 ROE 代表公司能夠長時間保有一定的經營水準，不會一眨眼之間就轉好或轉壞，想要長期存股的投資人也才能安心長抱，不需每天擔心受怕。因此，若一間公司長期以來都虧損，但某一年稅後淨利卻由負轉正，使得 ROE 向上飆升至 30% ～ 40%，這時投資人千萬不要一開心就急著買進，因為公司當年度的數據雖然看起來很漂亮，但不見得能維持。

Chapter 1
Chapter 2
Chapter 3
Chapter 4
Chapter 5
Chapter 6
Chapter 7

表1 ROE較EPS能反映真實獲利能力
——比較A、B公司的EPS與ROE

項目	A公司	B公司
股本（元）	5萬	10萬
資本公積（元）	55萬	10萬
保留盈餘（元）	40萬	80萬
稅後淨利（元）	20萬	20萬
股東權益總和（元）	100萬	100萬
EPS（元）	40	20
ROE（%）	20	20

在比較 ROE 時，最好能夠觀察各期間的平均 ROE，如果短、中、長期都表現良好，代表獲利狀況有持續性。一般會以 15% 作為標準，並同時比較近 1 年、3 年和 5 年的平均 ROE 是否都能達到此水準，如果能在 20% 以上當然最好（詳見圖 2）。

善用杜邦方程式，釐清ROE提升關鍵原因

然而，若投資人單看 ROE，也會碰到陷阱，因為 ROE 的分母是股東

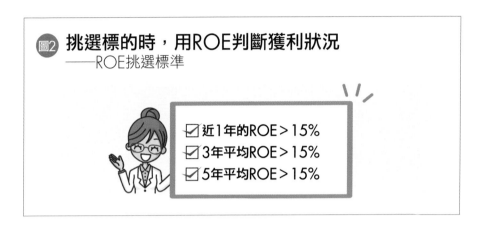

圖2 **挑選標的時，用ROE判斷獲利狀況**
──ROE挑選標準

☑ 近1年的ROE＞15%
☑ 3年平均ROE＞15%
☑ 5年平均ROE＞15%

權益，也就是淨值，因此當淨值減損時，ROE 反而會提高。為避開這樣的公司，可以再進階把 ROE 拆成 3 個要素，即「杜邦方程式」。

杜邦方程式的目的在於找出股東權益報酬率是由哪些原因驅動，例如：公司獲利能力提升、管理能力佳，或是因為放大財務槓桿。以下將進一步介紹杜邦方程式的 3 個組成要素，一旦其中一個要素提升（下滑），都會導致 ROE 提升（下滑）（詳見圖 3）：

1. **淨利率**：反映公司的獲利能力，算式為「稅後淨利／營收×100%」，淨利率愈高，代表公司的賺錢能力愈好。

2. **總資產周轉率**：代表公司利用資產創造營收的效率，也就是公司

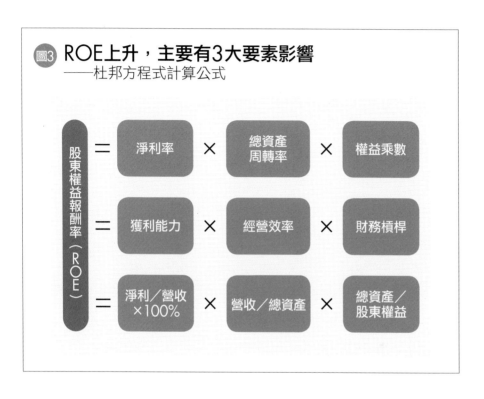

圖3 ROE上升，主要有3大要素影響
——杜邦方程式計算公式

股東權益報酬率（ROE）	=	淨利率	×	總資產周轉率	×	權益乘數
	=	獲利能力	×	經營效率	×	財務槓桿
	=	淨利／營收×100%	×	營收／總資產	×	總資產／股東權益

販售產品的能力，算式為「營收／總資產」。這個數字大家或許很陌生，不過，用翻桌率來比喻就簡單多了。

假設有 A、B 兩間餐廳，店面坪數一樣大，因此兩間餐廳的資產應該相近，淨利率也差不多。但如果 A 餐廳因為菜煮得比較好吃，翻桌率是 B 餐廳的 2 倍，營收自然也會多出 2 倍。這就是資產相同，卻因為有較高的總資產周轉率，創造出較高營收的例子。

Chapter 1
Chapter 2
Chapter 3
Chapter 4
Chapter 5
Chapter 6
Chapter 7

3. **權益乘數**：公司財務槓桿的大小，算式為「總資產／股東權益」，由於「總資產＝股東權益＋負債」，因此負債愈多，股東權益占比愈小，權益乘數會愈大。權益乘數愈大，代表公司財務槓桿操作愈積極。

總結這 3 個財務數字，不論是哪一個數據提升，都有可能拉高 ROE，因此觀察數據的變化，就能夠知道 ROE 上升是因為企業獲利轉強還是因為過度舉債。以下將進一步分析，該如何用杜邦方程式，找出適合長期投資的績優股，並及早避開業績疲弱的公司。

績優股》淨利率推升ROE，可長期投資

若是因淨利率提高而推升 ROE，代表公司本業產品具獨特性或成本控制得宜，因此相較於同業能夠獲取更多訂單，大幅拉高整體營收。在這樣的情況下，可以看到淨利率和總資產周轉率同時提高。例如，櫻花（9911）在 2015 年到 2019 年的 ROE 從 12.28% 上升到 19.62%。進一步分析 ROE 提升的原因，可以看到在這 5 年間，權益乘數幾乎持平；總資產周轉率小幅從 0.83 次上升到 0.92 次，主要上漲原因是稅後淨利率從 10.04% 提升至 14.11%（詳見圖 4）。

細究其原因，原來是因為櫻花從傳統製造業跨足智能高端產業，推廣高毛利、高單價的三機產品（熱水器、瓦斯爐與油煙機），而且其品

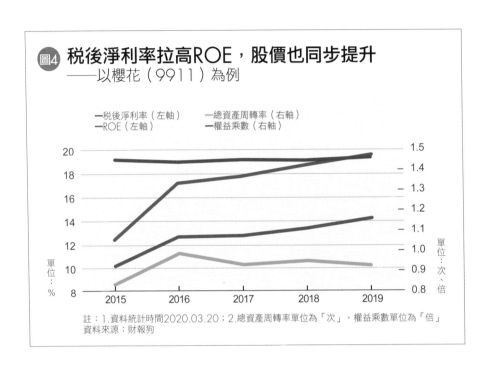

圖4 稅後淨利率拉高ROE，股價也同步提升
——以櫻花（9911）為例

—稅後淨利率（左軸）　—總資產周轉率（右軸）
—ROE（左軸）　—權益乘數（右軸）

單位：%

單位：次、倍

註：1.資料統計時間2020.03.20；2.總資產周轉率單位為「次」，權益乘數單位為「倍」
資料來源：財報狗

Chapter 1
Chapter 2
Chapter 3
Chapter 4
Chapter 5
Chapter 6
Chapter 7

牌深入人心，競爭力勝過同業。良好的獲利能力也反映在櫻花的股價上，從 2015 年的低點 14.15 元（2015.08.25 盤中價）開始攀升，最高來到 50.2 元（2020.02.04 盤中價），上漲了 254.77%。

衰退股》淨利率衰退連累ROE下滑，可考慮出脫

如果手中持股的 ROE 持續下滑，且原因並非是因為公司權益乘數下滑，資金操作轉趨保守，而是因為稅後淨利率連年走低，那最好考慮

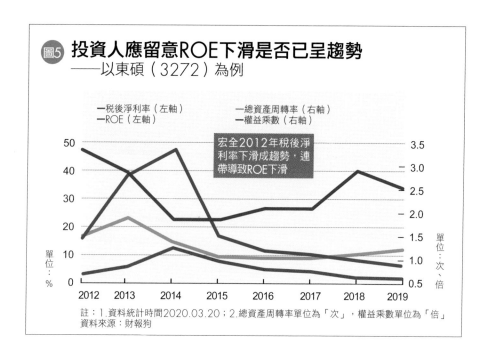

圖5 投資人應留意ROE下滑是否已呈趨勢
──以東碩（3272）為例

稅後淨利率（左軸）　　　總資產周轉率（右軸）
ROE（左軸）　　　　　　權益乘數（右軸）

宏全2012年稅後淨利率下滑成趨勢，連帶導致ROE下滑

單位：%

單位：次、倍

2012　2013　2014　2015　2016　2017　2018　2019

註：1.資料統計時間2020.03.20；2.總資產周轉率單位為「次」，權益乘數單位為「倍」
資料來源：財報狗

趕緊換股了。

　　例如：電腦週邊大廠東碩（3272），股價從2012年1月的4.75元，來到2014年年中的180元。ROE也從16.61%飆升至47.82%，漲了近2倍。然而，好景不常，東碩的股價在2015年年初來到最高價198元後一路下滑，到2020年3月20日只剩14.65元。而東碩的ROE也在2015年出現大幅下滑，從2014年的47.82%來到16.79%，跌幅高達65%。之後ROE的跌勢不停，2019年僅剩

6.64%。

分析 ROE 下滑的原因可以發現，東碩的稅後淨利率從 2014
年的 12.87% 下跌至 2015 年的 7.84%，之後更滑落到 2019
年的 2.1%。即便公司的資產周轉率在 2015 年到 2018 年間有
所改善，而且權益乘數大幅上升，從 2014 年的 1.86 倍提升至
2019 年的 2.55 倍，還是避免不了整體 ROE 的下滑（詳見圖
5）。

Chapter 1
Chapter 2
Chapter 3
Chapter 4
Chapter 5
Chapter 6
Chapter 7

圖解教學　用免費工具做杜邦分析

STEP 1

進入「財報狗」網站首頁（statementdog.com），輸入想查詢的❶「股號／股名」，並且按下❷「搜尋」符號。此處以東碩（3272）為例。

STEP 2

進入個股頁面後，選取左欄的❶「獲利能力」，再選擇❷「杜邦分析」，在右上方選取❸「年報」，❹「近8年」，就能看到該公司近8年的ROE數據，並進一步從圖中看出是杜邦方程式中的哪個因素使得ROE上升。

2014年～2018年，東碩ROE、稅後淨利率都下滑，總資產周轉率先下滑後上升，但是權益乘數上升，就知道ROE下滑的原因不是總資產周轉率權益乘數；且從圖中可看出稅後淨利率下滑的幅度和ROE較接近，可知主要下跌原因是獲利能力轉差。

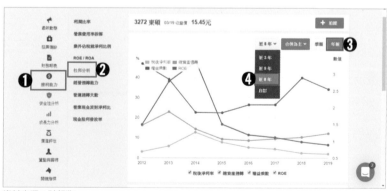

資料來源：財報狗

092

Chapter 1

Chapter 2

Chapter 3

Chapter 4

Chapter 5

Chapter 6

Chapter 7

看自由現金流量
釐清配息真正來源

為什麼有些公司年年配息,股價卻跌跌不休,投資人長期存股下來,賺了股息卻賠了價差,到頭來還是白忙一場。如果想要股利、價差兩頭賺,你一定要搞懂「自由現金流量」!

什麼是自由現金流量呢?企業 3 大財務報表包含:資產負債表、損益表和現金流量表,其中現金流量表又可以拆解成 3 個部分:1. 營業活動現金流、2. 投資活動現金流、3. 融資活動現金流(詳見圖 1)。

自由現金流量才是企業可自由運用的資金

許多人一定覺得納悶,那麼「自由現金流量」到底在哪裡呢?其實現金流量表中的營業活動現金流扣除投資活動現金流就是自由現金流量。所謂的營業活動現金流,指的是企業藉由自身營運所帶來的現金;投資活動現金流則是企業用來購置廠房、設備、不動產等付出的現金。

因此,兩者相減之後,就等於是拿企業從本業取得的現金,扣除擴

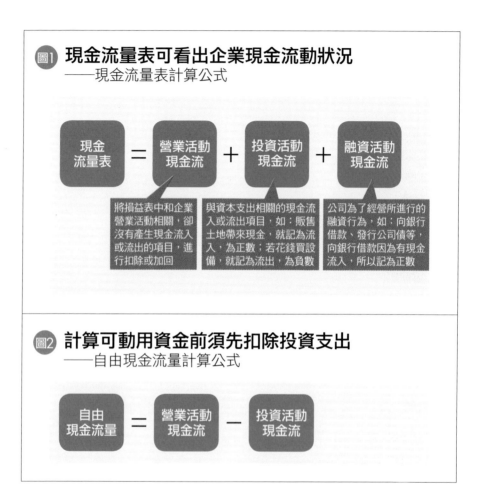

圖1 現金流量表可看出企業現金流動狀況
——現金流量表計算公式

| 現金流量表 | = | 營業活動現金流 | + | 投資活動現金流 | + | 融資活動現金流 |

將損益表中和企業營業活動相關，卻沒有產生現金流入或流出的項目，進行扣除或加回

與資本支出相關的現金流入或流出項目，如：販售土地帶來現金，就記為流入，為正數；若花錢買設備，就記為流出，為負數

公司為了經營所進行的融資行為，如：向銀行借款、發行公司債等，向銀行借款因為有現金流入，所以記為正數

圖2 計算可動用資金前須先扣除投資支出
——自由現金流量計算公式

| 自由現金流量 | = | 營業活動現金流 | − | 投資活動現金流 |

廠、購併等的現金支出後所剩餘的資金。這些資金因為企業可以「自由」運用，例如：償還貸款、發股息等，因此又被稱為「自由現金流量」（詳見圖2）。

Chapter 1
Chapter 2
Chapter 3
Chapter 4
Chapter 5
Chapter 6
Chapter 7

圖3 投資人可從年報計算該企業可運用的資金額度
——台積電（2330）的財報資訊

:: 採IFRSs後財報資訊		108年度	107年度	單位：新台幣仟元 106年度
資產負債表	綜合損益表 現金流量表 電子書			
	期 別	108年度	107年度	106年度
簡明資產負債	資產總計	2,264,805,032	2,090,128,038	1,991,861,643
	負債總計	642,709,606	412,631,642	469,102,000
	權益總計	1,622,095,426	1,677,496,396	1,522,759,643
	每股淨值(元)	62.53	64.67	58.70
簡明綜合損益表	營業收入	1,069,985,448	1,031,473,557	977,447,241
	營業利益(損失)	372,701,090	383,623,524	385,559,223
	稅前淨利(淨損)	389,845,336	397,510,263	396,133,030
	基本每股盈餘(元)	13.32	13.54	13.23
簡明現金流量表	營業活動之淨現金流入(流出)	615,138,744	573,954,308	585,318,167
	投資活動之淨現金流入(流出)	-458,801,647	-314,268,908	-336,164,903
	籌資活動之淨現金流入(流出)	-269,638,166	-245,124,791	-215,697,629

因投資設廠為現金流出，故以負數表示

資料來源：公開資訊觀測站

　　舉例來說，從公開資訊觀測站可以發現，台積電（2330）2019
年的簡明現金流量表中可以看到，營業活動之淨現金流入為6,151
億3,874萬4,000元、投資活動之淨現金流出為4,588億164萬
7,000元，將兩者相減之後，就可以得到自由現金流量為1,563億
3,709萬7,000元（詳見圖3）。

自由現金流為負，小心公司是借錢配股

　　而我們在前面也提到，公司可以任意運用自由現金流量，包含配發股

利等等，因此看自由現金流量就知道公司是不是向股東拿錢來配回給股東，怎麼說呢？

假使 A 企業剛成立 1 年，今年從本業獲取了 100 萬元的現金（營業活動現金流），但 A 企業為了提高競爭力，決定花 150 萬元添購最新的設備（投資活動現金流），因此當年 A 企業應該沒有能夠自由運用的現金。

這時如果 A 企業拿出 10 萬元來發放股息，股東們就得小心了。因為這代表 A 企業不是用公司賺來的錢配息給股東，而是靠企業當初發行股票取得的資金，或是向銀行借的錢，等於只是將股東投入的資金配還給股東（詳見圖 4）。

所以這個指標對重視配息收入的存股族來說非常重要，第 1，你可以知道公司是不是因為有賺錢才配發股息，如果不是，意味著公司可能是靠著向銀行借錢，或是現金增資來配發股利（詳見圖 5），如此一來對股東來說只是左口袋進右口袋而已，根本也沒賺，這時如果投資人看到股價下跌還拚命加碼壓低成本，最終可能損失慘重。

第 2，如果公司當年度沒有配發股息，而是把現金拿去投資擴廠，不見得是壞事，但若在接下來幾年自由現金流量始終無法轉正，產生實

圖4 ## 自由現金流量不足，股東應留意配息來源
——用資本公積配股利，等於將股東的錢發還

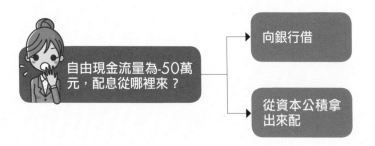

註：公司發行股票募資時，超過 10 元面額的部分，稱為「股本溢價」，就會納入資本公積

 圖5 ## 領到股息仍須留意公司營運狀況
——用自由現金流量判斷配息虛實

質獲利回饋給股東，代表公司也是胡亂投資，甚至有些極端的企業可能會作假帳，所以能夠配給股東的資金也有限。

近5年自由現金流量加總為正，才是賺錢好公司

投資人在挑選個股的時候，最好直接選擇「自由現金流量高」的公司，因為這樣的公司容易留下現金，碰到景氣好、需求大好時，能利用自有現金大舉擴廠，不用依賴外界借款；在沒有更好的投資機會之前，也可以拿出股利配給股東。以下是利用自由現金流量選股的 2 大重點：

1. 由於自由現金流量會受淡旺季影響，波動較劇烈，因此最好以年度資料為主。

2. 可以觀察近 5 年的自由現金流量，不一定要年年都是正數，但 5 年加總起來最好 > 0。

以下將以 2 家好公司來舉例，如存股族最喜歡的電信龍頭中華電（2412）就是最好的例子，2013 年中華電花了近 400 億元標下 4G 頻寬，市場投資人因擔憂 4G 大戰，中華電股價在 2013 年年中開始一路狂跌，最低來到 89.8 元（2014.02.05 盤中價）。

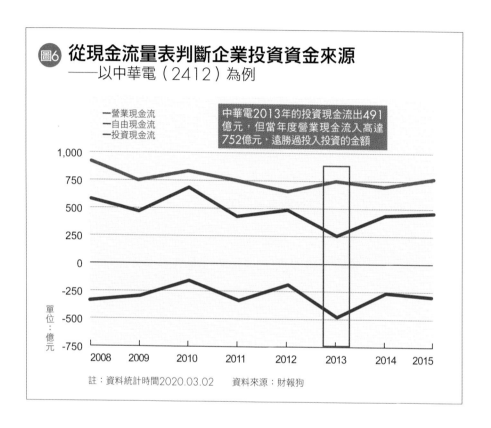

圖6 從現金流量表判斷企業投資資金來源
——以中華電（2412）為例

— 營業現金流
— 自由現金流
— 投資現金流

中華電2013年的投資現金流出491億元，但當年度營業現金流入高達752億元，遠勝過投入投資的金額

單位：億元

註：資料統計時間2020.03.02　　資料來源：財報狗

　但如果仔細去看自由現金流量，可以發現，就算中華電砸重金買頻譜和建置線路設備等，自由現金流量（圖6紅線）依然為正數，代表公司可以完全靠營運帶來的現金進行投資，不需要額外借錢。像這樣的公司優勢是產品需求和營收都很強勁，又真的都能帶來現金流入，現金還足以支應投資支出，因此存股族就可以抱得很安心（詳見圖6）。截至 2020 年 3 月 20 日，中華電的股價已經來到 106.5 元。

　　另一間公司則是全球市占率高達 5 成的訊號線大廠鴻碩（3092），這間公司主要是販售面板訊號線、USB 線、網通線和車用訊號線等產品。過去鴻碩產品主要集中在顯示器線材，但由於顯示器產值走弱，連帶影響公司獲利，2012 年和 2013 年每股盈餘甚至都出現負值。

　　因此 2012 年起，鴻碩開始積極調整產品組合，開發蘋果（Apple）手機充電線、車載連接線及網通連接線材等新商品，2012 年～ 2014 年共投資現金約 1 億 9,000 萬元，投資支出增加，加上原產品需求疲弱導致營業現金流入（圖 7 灰線）走跌，鴻碩的自由現金流量（圖 7 藍線）也在 2013 年和 2014 年落入負值。

　　但在轉型成功之後，可以看到鴻碩的營業現金流入（圖 7 灰線）從 2014 年的負 1 億 5,920 多萬元，2015 年再度由負轉正，上升至 2 億 8,110 萬元；自由現金流量（圖 7 藍線）也從負 1 億 9,955 萬元，提升至 3 億 4,382 萬元，因此 2011 年至 2015 年的自由現金流量加總還是有 1 億 8,327 萬元（詳見圖 7）。而鴻碩的股價亦從 2015 年的低點 9 元開始攀升，最高來到 58.6 元（2017.08.03 盤中價）。之後鴻碩的自由現金流量再次下滑，股價也跟著下跌，截至 2020 年 3 月 20 日，股價僅剩 28.4 元。

　　像這樣自由現金流量沒有年年為正的公司，雖然不如自由現金流量每

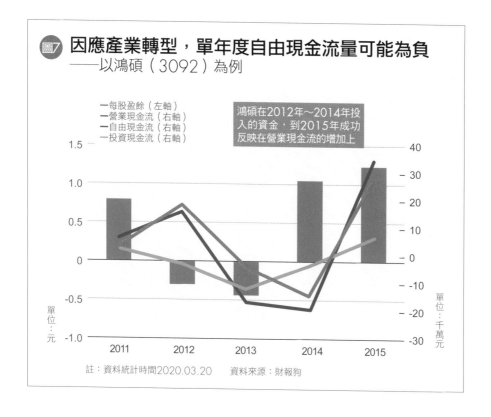

圖7 **因應產業轉型，單年度自由現金流量可能為負**
——以鴻碩（3092）為例

— 每股盈餘（左軸）
— 營業現金流（右軸）
— 自由現金流（右軸）
— 投資現金流（右軸）

鴻碩在2012年～2014年投入的資金，到2015年成功反映在營業現金流的增加上

單位：元

單位：千萬元

2011　2012　2013　2014　2015

註：資料統計時間2020.03.20　　資料來源：財報狗

年都是正數的公司強勁，但如果最後轉型成功，投資能反映在營收和獲利上，依然是投資人可列入選股的考慮範圍。

避開盈餘為正，自由現金流量加總為負的公司

同樣的，自由現金流量除了能找出有能力穩定發放股利的好公司，也

表1　即使營運失利，也可能穩定配發股利
——以樂陞（已下櫃）為例

項目	2011年	2012年	2013年	2014年	2015年
每股盈餘（元）	3.32	6.11	1.00	2.59	3.83
現金股利（元）	1.20	1.00	0.20	0.60	0.15
股票股利（元）	0	6.50	2.00	3.67	1.35

註：資料統計時間 2020.03.20　　資料來源：財報狗

可以辨別雖然有發放股利，卻不是真的賺錢的公司。有些公司可能年年的每股盈餘為正，也都發給股東很高的股利，但本業卻不是真的賺錢，像這樣的公司就算年年都發股利也不太可能持久，加上經營不善，股價很容易下跌。想避開這樣的公司，可以觀察公司「近5年自由現金流量加總是否為負數」，如果是，可能意味著公司不斷在燒錢，卻無法有效提升本業營收。

　　舉例來說，2016年被爆出涉嫌假收購案的遊戲公司樂陞（已下櫃），過去幾年都會穩定配發現金股利和股票股利，每股盈餘也都有1元～6.11元不等的水準（詳見表1），一般看來都會覺得這是間賺錢的公司。但細究樂陞的現金流量表，會發現2011年～2015年這5年來樂陞的營業現金流（圖8灰線）只有在2014年是正的，代表公司本

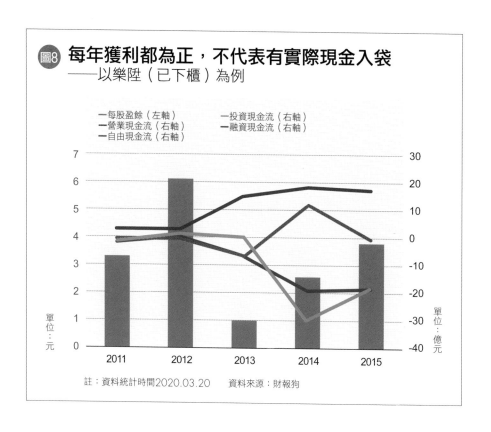

圖8 每年獲利都為正，不代表有實際現金入袋
——以樂陞（已下櫃）為例

圖例：
— 每股盈餘（左軸）　　— 投資現金流（右軸）
— 營業現金流（右軸）　— 融資現金流（右軸）
— 自由現金流（右軸）

單位：元

單位：億元

2011　2012　2013　2014　2015

註：資料統計時間2020.03.20　　資料來源：財報狗

業幾乎沒有實際收到現金，且加上每年的投資支出，2011 年～ 2015
年的自由現金流量（圖 8 藍線）加總竟是負 48 億 5,536 萬元。這樣
這幾年的股息是如何配發出來的呢？

　進一步觀察公司的融資現金流（圖 8 紫線），可以看到近 5 年來樂
陞的借款愈來愈高，總共借了約 54 億元，近年來也辦理了 5 次現金

Chapter 1
Chapter 2
Chapter 3
Chapter 4
Chapter 5
Chapter 6
Chapter 7

增資，配發給股東的股息有可能就是像這樣「借」來的（詳見圖 8）。
而樂陞的股價亦從 100 多元跌至 10 元左右，最後更於 2017 年 10
月下櫃。

　　因此，就算是每股盈餘年年為正、每年也穩定配發股息的公司，投資
人在投資前最好還是檢視一下公司近 5 年來的自由現金流量，才能避
免買到像這樣帳面獲利，卻沒有實際現金入袋的公司。

Chapter 2

Chapter 3

Chapter 4

Chapter 5

Chapter 6

Chapter 7

圖解教學 查詢個股近5年的自由現金流量

STEP 1

進入「財報狗」網站首頁（statementdog.com），輸入想查詢的❶「股號／股名」，並且按下❷「搜尋」符號。此處以台積電（2330）為例。

STEP 2

進入公司最新動態頁面後，點選❶「財務報表」、❷「現金流量表」後，再點選右上方的❸「年報」，就可以看到台積電近5年來各類現金流的走勢，下方還有每一年的詳細數據可供投資人比較對照。

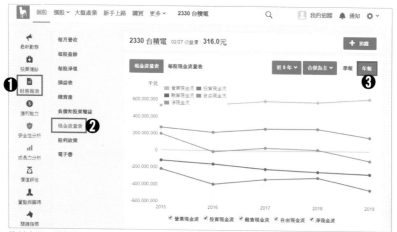

資料來源：財報狗

105

2-5 檢視公司負債比
避免投資有去無回

存股的人最怕累積了好幾張股票後，公司卻無預警倒閉，如果想避免存了老半天，心血卻功虧一簣，該怎麼做呢？最簡單的方法，就是選「負債比低」的公司。

什麼是負債比？簡單來說，就是一間公司的「總負債占總資產」的比重，其計算公式為：「負債比＝總負債／總資產 ×100%」。

在 2-3 中有提到過，資產負債表有一個亙古不變的道理，就是「資產＝負債＋股東權益」，而股東權益包含公司向股東募集的資金、留存的淨利等，又等於公司的自有資金，因此一間公司的自有資金愈少，向銀行借來的錢愈多，負債比也會愈高。

負債比＜50%，財務體質較健全

其實一般上市公司，如果要擴大經營規模，難免會透過借貸來增加營運資金，藉此提高獲利，為股東創造更好的收益，因此適當的借貸對

圖1 高負債比＋營運衰退，可能導致公司解散
——以興航（已下市）為例

復航停飛前，負債比近75%，單季虧損高達9億元

── 本期稅後淨利 ── 負債比

本期稅後淨利：億元

負債比：%

2014.Q4　2015.Q1　Q2　Q3　Q4　2016.Q1　Q2　Q3

註：資料統計時間2020.03.20　　資料來源：XQ全球贏家

企業有正面幫助。選股時，一般會比較偏好挑選「負債比＜50%」的公司，代表公司的財務體質較健全。

　　但如果公司借了太多錢，又沒辦法反映在獲利上，龐大的利息成本就會造成壓力，一不小心可能就因周轉不靈而造成營運危機。像是興航（已下市）本身負債比（圖1藍線）就已經高達70%以上，在歷經2次空難後，營運又逐季衰退，從2015年第1季單季稅後淨利虧損6,100萬元，到2016年第3季甚至擴大到9億5,800萬元，最終走上解散之路（詳見圖1）。

圖2 通路業的負債比通常較高

——統一超（2912）與全家（5903）近4年負債比

負債比：%

統一超和全家的負債比均高達50%以上

——全家　——統一超

2016.Q1　Q2　Q3　Q4　2017.Q1　Q2　Q3　Q4　2018.Q1　Q2　Q3　Q4　2019.Q1　Q2　Q3　Q4

註：資料統計時間2020.03.20　　　資料來源：XQ全球贏家

然而，很多好公司負債比都很高，像是經營便利商店的全家（5903）、工業電腦大廠振樺電（8114），近幾年負債比都高達70%以上，投資人真的非得看到黑影就開槍嗎？其實不一定！有些公司負債比雖然高，但可能大部分都是不須支付利息的應付帳款，只是公司之間買賣交易時延後付款給賣方，不需要過度擔心。

舉例來說，通路業的全家在2019年第4季的負債比就高達90.2%，但這是因為全家便利商店為全台第2大便利店，因此可以仰仗其規模延後支付給廠商的貨款，保留更多現金在手，對於全家來說，資金運用反而可以更靈活（詳見圖2）。

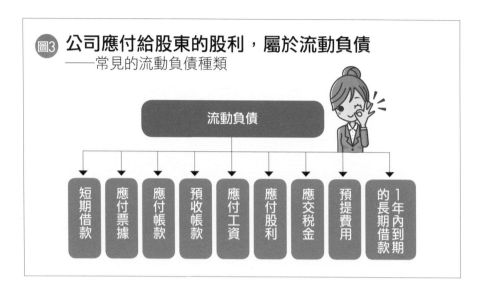

圖3 **公司應付給股東的股利，屬於流動負債**
——常見的流動負債種類

流動負債

- 短期借款
- 應付票據
- 應付帳款
- 預收帳款
- 應付工資
- 應付股利
- 應交稅金
- 預提費用
- 1年內到期的長期借款

分析企業負債組成，避免錯過績優股

如果看到知名的龍頭企業負債比很高的話，投資人最好分析一下負債組成，才不會因此錯過好公司。資產負債表中的主要債務類型，通常可以依照還款期限分成 2 種：

1. 流動負債（還款期限在 1 年內）：須在 1 年內清償的借款，例如：供應商進貨的應付帳款、1 年內即將到期的長期借款、應付股利等等（詳見圖 3）。由於大多是因應營業活動所產生的負債，且不需要支付利息，因此等於是供應商提供的短期免費借款。

2. **長期負債（還款期限 1 年以上）**：指的是還款期限達 1 年以上的借款，大多用來購置固定資產、進行長期投資等等，例如：應付公司債、長期應付票據、應付退休金、長期產品服務保證、存入保證金等等（詳見圖 4）。長期借款就像是房屋的房貸一樣，只要能夠正常繳息，照理說銀行是不可以要求提前清償借款的，所以對公司資金的穩定性有一定的幫助。

投資人在檢視公司的債務狀況的時候，應該要注意以下 3 個要點：

要點 1》長期負債占比是否過高

公司為了營運所需花費的長期資金，最好是用股東自行出資的錢來支付，當有不足時，才尋求銀行的長期貸款，或是發行公司債來支付。因為若是利用長期負債，就需要定期支付利息給銀行，賺到的利潤得先拿來還錢。當景氣下滑時，如果營收跟著下滑，該還的利息卻一分不減，營運可能就會出現危機。

反之，若是負債比很高，但大部分是流動負債，其實是一件好事。因為企業的流動負債高，有 3 個隱含意義：1. 公司有極佳的議價能力，強勢到讓供應商願意提供很好的付款條件；2. 公司信用良好，供應商才願意讓其賒帳；3. 流動負債金額大，意味著公司訂單增多，因此才需要向供應商調貨。

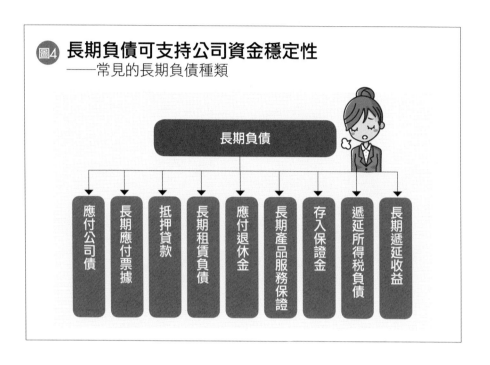

圖4 **長期負債可支持公司資金穩定性**
——常見的長期負債種類

長期負債

應付公司債
長期應付票據
抵押貸款
長期租賃負債
應付退休金
長期產品服務保證
存入保證金
遞延所得稅負債
長期遞延收益

例如：便利商店龍頭統一超（2912）近 7 年以來負債比大多都在 60% 以上，但細分析其結構，就知道其中有 40%～50% 左右都是像應付帳款這樣的流動負債，投資人不需要過度擔心（詳見表 1）。

要點 2》若長期負債高，利息保障倍數應＞ 2 才安全

但如果是長期負債比高的公司該怎麼辦呢？長期負債比高最怕的就是利息繳不出來，被銀行抽銀根，因此若想確認公司的長期償債能力好不好，可以看「利息保障倍數」，該指標是「稅前淨利＋利息費用」

近7年來，統一超流動負債比多逾5成
──以統一超（2912）負債比為例

類型	2013年	2014年	2015年	2016年	2017年	2018年	2019年
流動負債比（%）	56.45	55.97	55.59	55.29	46.91	53.34	39.64
長期負債比（%）	2.19	1.06	0.74	0.91	0.79	0.85	0.49
負債比（%）	67.07	65.50	65.22	65.03	57.46	65.52	76.82

註：1. 資料統計時間 2020.03.20；2. 流動負債比＝流動負債／總資產 ×100%；3. 長期負債比＝長期負債／總資產 ×100%　　資料來源：Goodinfo！台灣股市資訊網、公開資訊觀測站

相對於「利息費用」的倍數，數字愈高代表公司償還長期債務的能力愈好（詳見圖5）。

利息保障倍數，簡單來說，就是公司1年賺的錢，可以用來支付幾年的利息。一般來說，最少要2倍才算符合標準，也就是尚未扣除利息支出和所得稅支出的獲利金額至少要是利息的2倍。

舉例來說，台灣高鐵（2633）2019年第4季的負債比高達83.96%，其中有96.43%為長期負債。但是，從2019年第4季個別財報的損益表中可以看到，稅前淨利為77億7,510萬8,000元、

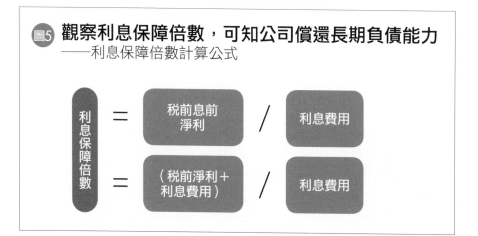

圖5 觀察利息保障倍數，可知公司償還長期負債能力
──利息保障倍數計算公式

利
息
保
障
倍
數 ＝ 稅前息前淨利 / 利息費用

利息保障倍數 ＝ （稅前淨利＋利息費用） / 利息費用

利息費用為 64 億 5,462 萬 4,000 元，兩者相加就可以得到稅前息前淨利為 142 億 2,973 萬 2,000 元，將此數據除以利息費用，即可得到利息保障倍數為 2.2 倍，超過標準值的 2 倍，因此投資人不需要過度擔心償債問題（詳見圖6）。

要點 3》流動負債高，速動比至少＞ 100%

通常流動負債需要靠變現性較高的流動資產來償還，因此流動資產相對於流動負債的倍數，可以反映公司的還款能力，通常數值愈高，代表公司還款能力愈好。

然而，流動資產除了包含現金、約當現金，以及變現較容易的金融資

用損益表查詢計算利息保障倍數
——以台灣高鐵（2633）為例

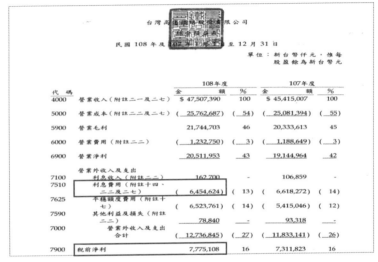

台灣高鐵股份有限公司
綜合損益表
民國 108 年及 107 年度 至 12 月 31 日

單位：新台幣仟元，惟每
股盈餘為新台幣元

代碼		108年度		107年度	
		金額	%	金額	%
4000	營業收入（附註二一及二七）	$ 47,507,390	100	$ 45,415,007	100
5000	營業成本（附註二二及二七）	(25,762,687)	(54)	25,081,394)	(55)
5900	營業毛利	21,744,703	46	20,333,613	45
6000	營業費用（附註二二）	(1,232,750)	(3)	(1,188,649)	(3)
6900	營業淨利	20,511,953	43	19,144,964	42
	營業外收入及支出				
7100	利息收入（附註二二）	162,700	-	106,859	-
7510	利息費用（附註十四、二二及二七）	(6,454,624)	(13)	(6,618,272)	(14)
7625	平穩額度費用（附註十七）	(6,523,761)	(14)	(5,415,046)	(12)
7590	其他利益及損失（附註二二）	78,840	-	93,318	-
7000	營業外收入及支出合計	(12,736,845)	(27)	(11,833,141)	(26)
7900	稅前淨利	7,775,108	16	7,311,823	16

註：此為 2019 年第 4 季個別財報資料　　資料來源：公開資訊觀測站

 觀察速動比，可知公司償還流動負債能力
——速動比計算公式

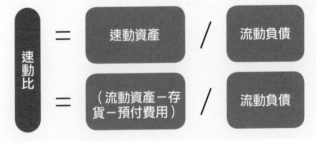

速動比 ＝ 速動資產 / 流動負債

速動比 ＝ （流動資產－存貨－預付費用）/ 流動負債

產和應收帳款之外，也有一些比較難以變現的項目，如預付費用和存貨。為了反映較真實的還款能力，須先將難以變現的項目從流動資產中扣除，得到較容易變現的速動資產，再將其除以流動負債，就可以算出反映公司還款能力的速動比（詳見圖7）。

為了確保還款無虞，通常速動資產的數目應該比流動負債多，公司才不會常常出現資金缺口，因此速動比一般以大於1倍為佳，代表公司在1年內從營運賺的錢，足以清償1年內到期的負債。

Chapter 1
Chapter 2
Chapter 3
Chapter 4
Chapter 5
Chapter 6
Chapter 7

圖解教學❶ 查詢公司各類負債比

STEP 1

進入「Goodinfo!台灣股市資訊網」網站首頁（www.goodinfo.tw/ StockInfo），輸入想查詢的❶「股票代號／名稱」，並按下❷「股票查詢」。此處以台積電（2330）為例。

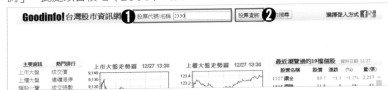

STEP 2

進入個股頁面後點選左欄的❶「財務比率表」，並在下拉選單中選擇❷「合併年表─年度」，就可以看到公司的合併財務比率年表。接著下拉視窗，就可以在負債&股東權益占總資產項目中，找到最新年度的❸「流動負債（％）」、❹「長期負債（％）」和❺「負債總額（％）」（即負債比）了。

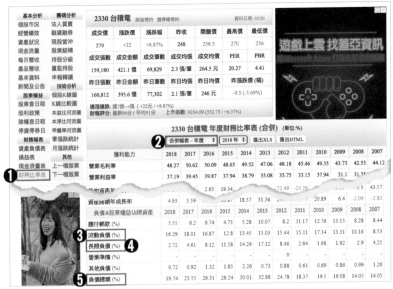

註：資料統計時間 2020.03.20　　資料來源：Goodinfo! 台灣股市資訊網

圖解教學❷ 查詢公司的利息保障倍數

STEP 1

進入「財報狗」網站首頁（statementdog.com），輸入想查詢的❶「股號／股名」，並按下❷「搜尋」符號。此處以台積電（2330）為例。

STEP 2

進入個股頁面後，選取左欄的❶「安全性分析」，再選擇❷「利息保障倍數」，在右上方選取❸「年報」，就可以看到近5年來每年的利息保障倍數，下方還有❹「詳細數據」可以做對照。

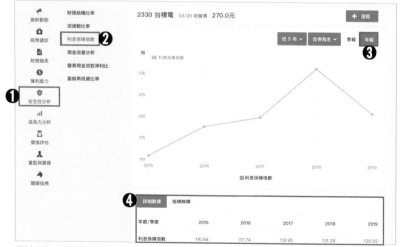

資料來源：財報狗

117

▶▶ Chapter 3

精挑好股
建立口袋名單

瞄準生命週期長產業
首選民生消費類股

3-1

存股是靠著長時間不斷累積持股，在每年穩定領股利的複利效果下，便能享有成果的投資方式。但要能確實執行，就要挑對存股標的，如果選錯股，存愈久不一定愈有利，甚至有可能存到下市的壁紙股。不過，茫茫股海當中，想要找到一檔適合存股的標的並不簡單。投資人不妨可先從公司的產業篩選，選股的過程就能事半功倍。

股神巴菲特的夥伴查理・蒙格（Charlie Munger）曾提出「能力圈」的概念，把產業分為 3 個類別（詳見圖 1），指出投資人應選擇容易理解的產業投資，因為如果投資人選擇太難、太複雜的產業，容易因為自己的一知半解，而做出錯誤的決定。因此在長期持有的前提下，應選擇容易理解的產業。

選擇自己能理解的產業後，接下來投資人可靠著 2 個挑選原則：商品生命週期長以及民生消費類產業，區分可以投資的產業與不可以投資的產業。只要選對產業，就等於是為自己建立優質存股名單的第 1 步。

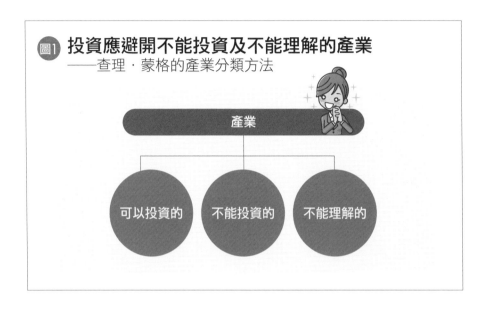

圖1 投資應避開不能投資及不能理解的產業
——查理‧蒙格的產業分類方法

產業

可以投資的　　不能投資的　　不能理解的

生命週期長，產業較不易進入衰退期

台灣股市依照產業的不同分成許多類股，例如鋼鐵、電子、食品、金融⋯⋯等等，投資人要做的事情，就是挖掘出穩定發展的產業類別。

穩定發展的產業具有什麼樣的特色呢？它所提供的商品或是服務，通常都是具有較長生命週期。所謂的生命週期，是代表商品或服務的市場壽命，從研發、上市到淘汰，大致都會經歷以下４個時期：導入、成長、成熟與衰退期，組成起來就是生命週期（詳見圖２）。

Chapter 1
Chapter 2
Chapter 3
Chapter 4
Chapter 5
Chapter 6
Chapter 7

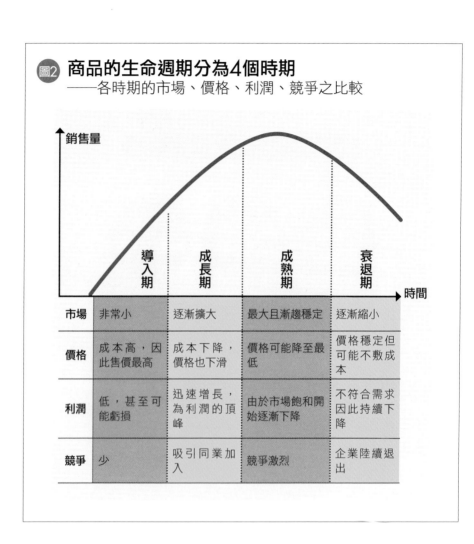

圖2 商品的生命週期分為4個時期
——各時期的市場、價格、利潤、競爭之比較

銷售量

時間

	導入期	成長期	成熟期	衰退期
市場	非常小	逐漸擴大	最大且漸趨穩定	逐漸縮小
價格	成本高，因此售價最高	成本下降，價格也下滑	價格可能降至最低	價格穩定但可能不敷成本
利潤	低，甚至可能虧損	迅速增長，為利潤的頂峰	由於市場飽和開始逐漸下降	不符合需求因此持續下降
競爭	少	吸引同業加入	競爭激烈	企業陸續退出

對於想要長期持有的投資人來說，商品生命週期非常短的產業，由於公司營運的情形相對容易波動，就不適合作為存股標的。

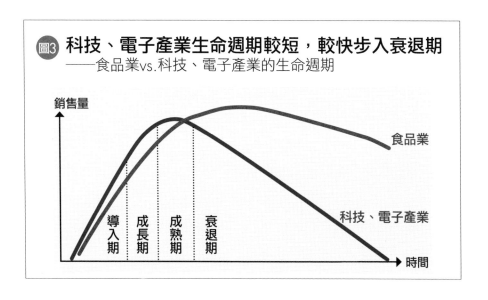

圖3 科技、電子產業生命週期較短,較快步入衰退期
——食品業vs.科技、電子產業的生命週期

銷售量

導入期 成長期 成熟期 衰退期

食品業

科技、電子產業

時間

舉例來說,許多電子產品在剛開始上市時價格非常高,一路到成長期時,公司的獲利也都十分豐碩。不過,在短短幾年內,商品就會進入到成熟期,多家廠商加入競爭,價格就快速滑落,連帶影響公司表現,並迅速進入至衰退期,利潤逐年降低甚至可能虧損。像是智慧型手機、LED 等產業,就都有這樣的狀況,除了生命週期短,也會因為大量生產而跌價。

因此,存股族的首選應是商品生命週期較長的產業,例如說每個人日常都需要用到的商品,相對不容易進到衰退期,也較不會因為普及後,導致價格下跌,例如食品業,就屬於適合存股的產業(詳見圖3)。

Chapter 1
Chapter 2
Chapter 3
Chapter 4
Chapter 5
Chapter 6
Chapter 7

　　除了避開商品生命週期短的產業之餘，充滿「不確定性」的產業容易為投資人帶來無法預期的波動。舉例來說，航空業只要一發生空難，消費者對其信心就會快速下降，當然會影響公司營運情況，因此不建議存股時，挑選這種不確定性極高的產業。

民生消費類股受景氣波動影響較小

　　對存股族來說，追求的就是一間公司的營運與股價，能夠長期穩定向上。具有這樣特性的類股，容易出現在提供人們每天需要的商品或服務的產業，可定義為「民生消費類股」。

　　民生消費類股之所以能夠維持長期穩定，就在於我們的生活少不了它。因此這樣的產業在股價上通常不太會有巨幅的波動，在長期有需求的情況下，也不容易受到景氣好壞的影響（詳見圖4）。

　　然而，股票市場中有許多產業，與景氣好壞連結度非常高，一般稱為「景氣循環股」，例如鋼鐵、水泥等原物料類股。由於景氣循環股會受到市場環境的影響，但一般投資者多無法掌握景氣循環的興衰，更無法預測景氣好壞會持續多久（詳見圖5）。如果股價持續下探，投入的資金就得花上長時間才能彌補價差，建議長期投資人要避開這類型的產業。

圖4 民生消費類股價格起伏較小，呈長期向上趨勢
　　——以中華食（4205）為例

註：資料統計時間 2013.07.01 ～ 2020.03.02　　資料來源：XQ 全球贏家

 圖5 景氣循環股價格波動大，不適合長期持有
　　——以正新（2105）為例

觀察正新近5年股價，可發現波動大，增加操作難度，不適合長期持有

註：資料統計時間 2013.07.01 ～ 2020.03.02　　資料來源：XQ 全球贏家

圖解教學　查詢不同產業類股名單

 STEP 1　進入手機證券交易App的首頁後，選擇❶「類股報價」。下一頁就會看到各式的分類，包括上市、上櫃等。依照投資人的需求選擇，例如想要找上市股票的產業類型，則點選❷「上市類股」。

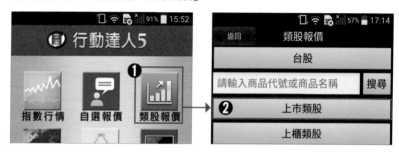

 STEP 2　進入上市類股後，可以發現有不同產業類別供投資人查詢。假設想要知道有哪些金融類股的話，點擊❶「金融保險」，頁面就會跳轉至上市公司當中屬於金融保險類的個股列表。投資人可依據自己的需求，點選上方的成交、漲跌等調整排序。

返回　上市類股	
造紙工業	鋼鐵工業
橡膠工業	汽車工業
半導體業	電腦週邊
光電業	通信網路
電子組件	電子通路
資訊服務	其他電子
建材營造	航運業
觀光事業	❶ 金融保險

返回 金融保險			
▶ 商品	成交	漲跌	幅度
彰銀	17.00	--	--
京城銀	28.40	-0.10	0.35%
台中銀	9.15	-0.01	0.11%
吐旺保	15.05	-0.20	1.31%
華票	12.95	+0.05	0.39%
中壽	32.00	-0.05	0.16%
台產	19.20	-0.10	0.52%

資料來源：元富證券

鎖定龍頭股
5指標檢視財務體質

3-2

選擇完適合存股的產業,是投資人建立存股候選名單的第 1 步,不過在各產業當中,又存在著許多的公司,勢必要經過進一步的汰弱留強。因此,要挖掘出真正能長期持有的個股,還須了解公司的營運情形,以及它的財務指標,才能確實幫助投資人找到理想的標的。

寡占企業具定價能力,能確保長期穩定獲利

一間經營有成、在市場上能夠長期存續的公司,對存股族來說,背後的意義就代表著它能夠維持穩定的營收與獲利,面對市場的競爭,也能不落下風。這樣的公司,可形容為具備投資的「護城河」,也是決定它在未來是否能夠持續屹立不搖的關鍵因素(詳見圖 1)。而在各產業中的「龍頭股」,通常都具備著護城河,比如説食品業的統一(1216)、電信業的中華電(2412)。

如果更深入的分析,這些龍頭股往往有著規模經濟的特性,也就是「市占率高」、甚至為「寡占」。由於一間公司的市占率愈高,代表

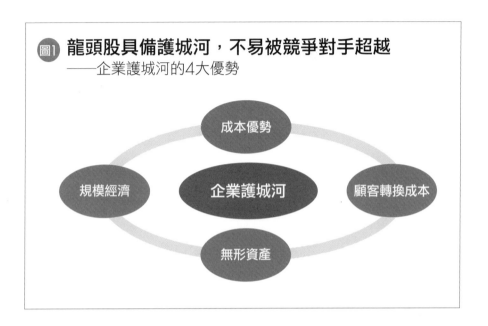

圖1　**龍頭股具備護城河，不易被競爭對手超越**
——企業護城河的4大優勢

成本優勢

規模經濟　企業護城河　顧客轉換成本

無形資產

它的競爭力愈強，且更有定價能力。這代表當商品原料漲價，公司並不需要全部自行吸收，而是能夠轉嫁給消費者，相較競爭對手就更有成本優勢，當然就可以確保長期獲利的穩定性。

加上這些龍頭股因為市占率高，讓多數人在消費時會優先選擇，該企業的品牌就形同於無形資產。消費者也會因為信任公司的口碑，逐漸養成消費習慣，公司便同時建立了顧客的忠誠度。

因此，對投資人來說，在挑選存股標的時，可優先鎖定這些長期可確

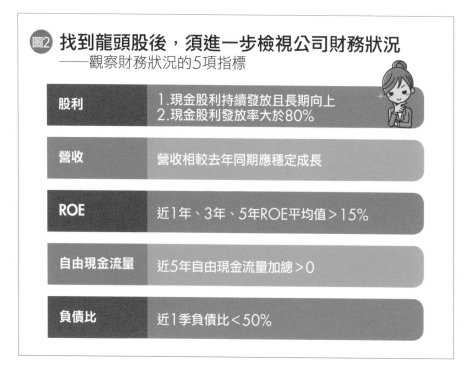

圖2 找到龍頭股後,須進一步檢視公司財務狀況
——觀察財務狀況的5項指標

股利	1.現金股利持續發放且長期向上 2.現金股利發放率大於80%
營收	營收相較去年同期應穩定成長
ROE	近1年、3年、5年ROE平均值>15%
自由現金流量	近5年自由現金流量加總>0
負債比	近1季負債比<50%

Chapter 2

Chapter 3

Chapter 4

Chapter 5

Chapter 6

Chapter 7

保獲利能力的龍頭股,等於是幫自己的投資組合增強穩定性。

　　找到龍頭股之後,最後的篩選重點就是透過財務指標,觀察公司的財務以及經營狀況(詳見圖2)。其中,存股族可先從股利政策開始檢視,觀察公司過去配發股利的情形。接著用營收、ROE(股東權益報酬率)掌握公司的業績與獲利狀況,最後以自由現金流量和負債比,確保公司的穩定性與安全性(詳見2-4、2-5)。

先挑產業、再找龍頭股，依財務指標過濾公司
——篩選存股標的3步驟

找出適合長期持有的產業	找出龍頭股	檢視財務指標
生命週期長、民生消費類	市占率高且具護城河企業	股利、營收、ROE、自由現金流量與負債比

3步驟檢核，找出會賺錢的好標的

綜合以上，挑選公司隸屬的產業，確認公司的投資護城河，以及最後利用財務指標檢視公司，這 3 個步驟即是投資人在找尋標的時，可以依循的方向（詳見圖 3）。以下用統一超（2912）為例，拆解如何用這 3 步驟確定公司是否為適合存股的標的。

統一超經營便利超商業務，在台灣各地區的大街小巷都有它的身影。隨著便利超商提供愈來愈多元的服務，生活中許多的事情，幾乎都能在便利超商完成，因此可判斷其為民生消費型的類股，不容易受到景氣循環的影響。其次，檢查統一超是否具投資的護城河，先從市占率

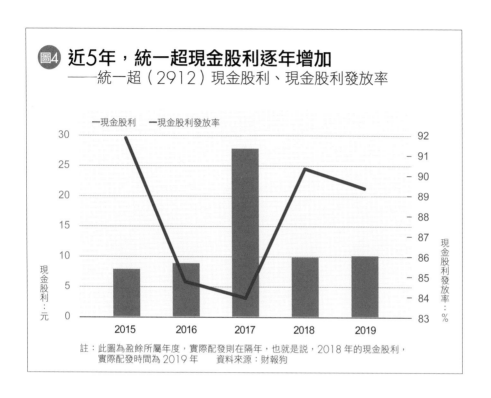

圖4 近5年，統一超現金股利逐年增加
──統一超（2912）現金股利、現金股利發放率

現金股利：元

現金股利發放率：%

— 現金股利　　— 現金股利發放率

註：此圖為盈餘所屬年度，實際配發則在隔年，也就是說，2018 年的現金股利，實際配發時間為 2019 年　　資料來源：財報狗

觀察，它擁有國內最多的便利超商數，截至 2018 年 12 月其店數已有 5,369 間，超過競爭對手全家的 3,306 間（2018 年 11 月），在台灣便利商店市場約占 5 成，相對具有定價能力。

最後再檢視統一超的 5 項財務指標，首先從 2015 年至 2019 年，每年皆有配發現金股利且穩定向上（詳見圖 4），近 5 年平均現金股利為 8.25 元，殖利率則約 3%。2017 年因為處分上海星巴克，使得

表1 2015～2019年統一超ROE皆逾22%
——統一超（2912）ROE、自由現金流量

項目	2015年	2016年	2017年	2018年	2019年
ROE（%）	30.76	34.62	69.68	22.69	27.14
自由現金流量（億元）	89.45	17.95	14.00	33.52	21.14

資料來源：XQ全球贏家

現金股利飆高至 25 元，所以為一次性獲利，計算時必須將此極端值刪除。統一超的現金股利發放率在 2015 年至 2019 年皆超過 80%，符合股利的標準。

接著觀察統一超的營收，近 4 季的營收相較去年同期（YoY）皆有成長。而統一超近 1 年 ROE 為 22.69%、近 3 年平均值為 28.66%、近 5 年平均值則為 30.89%（扣除 2017 年的極端值），皆大於篩選標準的 15%。其近 5 年的自由現金流量加總為正，同樣符合該財務指標的篩選條件（詳見表 1）。

最後一項財務指標則是負債比，統一超 2019 年第 4 季的負債比為 76.82%，遠高於篩選條件的 50%。不過，在其他篩選條件都順利過

關的統一超，就應該要因為負債比過高而淘汰嗎？其實，財務指標作為參考數值之餘，投資人若有餘裕則應該深入探究數字背後的原因，以免錯失值得存股的好標的。

統一超的負債比就是一個好例子，在其負債中有 8 成屬於應付帳款等流動負債，也就是通常不須支付利息的項目。由於一間公司的信用夠好，才能擁有較高的流動負債比率，因此投資人對於統一超的高負債比，相對不用擔心。

投資人只要透過上述的 3 個步驟，一層一層把公司檢視過後，便能淘汰掉不好的公司，留下真正能為自己賺到錢的好標的。

Chapter 1
Chapter 2
Chapter 3
Chapter 4
Chapter 5
Chapter 6
Chapter 7

圖解教學❶　查詢公司商品市占率

 STEP 1　進入MoneyDJ首頁（www.moneydj.com），在❶「請輸入關鍵字」打上想要查詢的公司名稱或股號，此處以統一（1216）為例，接著下拉右欄選單，選擇❷「財經百科」，再按下❸「搜尋」即可。

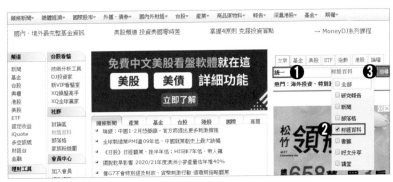

STEP 2　跳轉至搜尋結果後，點選❶「統一企業股份有限公司」就會進入公司介紹的頁面。

Chapter 1
Chapter 2
Chapter 3
Chapter 4
Chapter 5
Chapter 6

STEP 3

進入公司介紹頁面後，可以看到該公司的❶「公司簡介」、❷「營業項目與產品結構」，以及❸「銷售狀況及國內外競爭廠商」等資訊，從中可以找到❹「台灣市場主要產品市佔率概況」。

統一企業股份有限公司

回應(0) 人氣(160133) 收藏(3)

請參考統一企業股份有限公司

doremi123

管理者

訊息 | 名片

❶ **(一)公司簡介**

1.沿革與背景

成立於1967年8月25日，總部位於台南永康，為台灣最大知名食品廠，初期主要業務為經營民生必需相關食品，隨著業務漸開拓，產品線項目增加，轉投資子公司橫跨各行業，不僅是食品大廠，也是龐大的控股公司。集團旗下組織業務包含食品飲料、流通與零售、其他業務等。主要關係企業說明如下：

食品飲料：統一中國控股(0220.HK)、統一東南亞控股(營運範圍為越南、印尼、泰國、菲律賓)、大統益(1232)、維力食品、光泉牧場。

流通與零售：統一超商(2912)、星巴克(台灣)、台灣家福(台灣家樂福)、南聯國際貿易。

包裝容器：統一實業(9907)。

其他業務：統一國際開發、台灣神隆(1789)、統一證券(2855)。

其中以統一超、統一中控、統一實為獲利主要貢獻者。

❷ **2.營業項目與結構**

主要產品說明如下：

~~~~~~

產品。2...............劇大陸化.......及肉品(牛肉.....置目標..........個新...........降.消費地區、肉品(牛肉乾)已在西南地區有4座廠。

(三)市場需求與銷售競爭

❸ **1.銷售狀況及國內外競爭廠商**

◎台灣市場主要產品市佔率概況：

	2018年度	2017年度		2018年度	2017年度
畜產飼料	2.6	2.6	鮮乳	32.6	34.5
麵粉	8.3	8.9	優酪乳	69.9	72.9
食用油	1.8	2.1	調味乳	38.3	44.7
極食麵	39.7	42.6	調味豆奶	39.0	44.4
醬油	36.4	36.9	布丁	70.0	69.7
咖啡飲料	18.0	19.7	加工肉品	32.2	35.5
果汁飲料	6.6	10.3	冷凍調理食品	14.3	14.5
包裝水	16.3	18.0	冰品	5.5	4.9
茶類飲料	41.9	42.4			

資料來源：MoneyDJ

135

圖解教學❷ 用財務指標篩出好公司

STEP 1

如果想要藉由財務指標，一次篩選出有潛力的個股，投資人可利用財報狗網站（statementdog.com），迅速按照自己的條件挖掘符合的個股。首先點選❶「選股」、❷「自訂選股」之後，網頁便會跳轉至選股的頁面。

STEP 2

在選股頁面中，可以直接點選左方列表，設定篩選的條件。以現金股利發放率為例，先點選❶「獲利能力條件」，再選擇❷「現金股利發放率」，並設定❸「近5年平均股息大於80%」，點擊❹「向右箭頭」就會進入到自選條件。接下來，再依照上述方式，將其他需要的條件都設定好後，便可點選❺「開始選股」。

STEP
3

接著，便會出現符合條件的❶「個股清單」。篩選出來的清單也可以按照設定的條件排序，假設想知道近5年現金股利發放率較高的公司，可點選❷「現金股利發放率近五年平均（％）」，便會依照這項條件排序。

您設定的篩選條件：共 78 檔個股

$ 現金股利發放率近五年平均大於80%　　　$ ROE近五年平均大於10%

📄 現金股利近五年平均大於0元　　　🛡 負債比率近一季數據小於40%

📄 每股自由現金流近五年平均大於0元

儲存篩選條件

❶

編號	個股代號	最新收盤價(元)	近1年漲跌幅(%)	近3年漲跌幅(%)	近5年漲跌(%)	❷ ⑤ 現金股利發放率近五年平均(%)	⑤ ROE近五年平均(%)	📄 現金股利近五年平均(元)	🛡 負債比率近一季數據(%)	📄 每股自由現金流近五年平均(元)	加入追蹤
1	3040 遠見	29.15	-18.9	-29.6	-35.4	124.41	19.82	4.4	10.99	0.84	➕
2	5490 同亨	29.25	18.0	-50.5	-50.4	111.67	14.66	2.5	22.69	2.7	➕
3	2455 全新	97.90	41.1	71.0	197.9	109.47	14.71	2.34	35.39	1.55	➕
4	3030 德律	51.00	1.0	31.5	-1.9	108.72	15.05	3.4	18.06	2.79	➕
5	6442 光聖	37.00	-9.1	-19.7	-4.7	106.38	10.31	2.36	36.02	3.62	➕

資料來源：財報狗

Chapter 2
Chapter 3
Chapter 4
Chapter 5
Chapter 6
Chapter 7

投資ETF
3-3
輕鬆擁有一籃子好股票

找產業、挑個股都是必須要花時間的基本功，但時常會面臨繁忙的工作或外務，壓得自己喘不過氣，有沒有更簡單的工具，可以作為存股的好選擇呢？近幾年交易持續熱絡的「ETF」，就是這些困擾的解答。

ETF 的全名為 Exchange Traded Funds，在台灣則簡稱為「指數股票型基金」。它靠著交易成本低、報酬貼近指數等優點，就連股神巴菲特都十分青睞這樣的投資工具。不過，ETF 究竟是如何運作？和股票有什麼不同？身在台灣的投資人，又有哪些值得關注的投資標的呢？

ETF擁3大優勢，不必擔心買到地雷股

ETF 為什麼適合拿來存股，主要有 3 大優勢：分散風險、成本低廉以及定期更換成分股。首先用一句最簡單的話，解釋 ETF 運作的原則：「同時買進一籃子的股票」。各檔 ETF 會「被動」追蹤不同的指數，這些指數會利用不同的篩選標準選出成分股，而 ETF 的持股內容，就是完全複製指數的成分股。

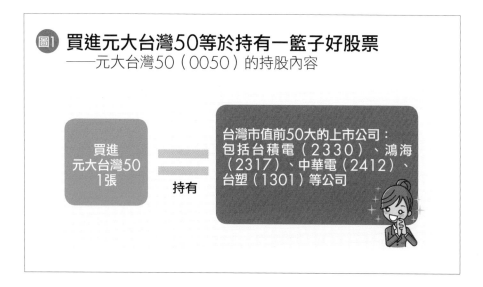

圖1 買進元大台灣50等於持有一籃子好股票
——元大台灣50（0050）的持股內容

買進
元大台灣50
1張

持有 =

台灣市值前50大的上市公司：
包括台積電（2330）、鴻海
（2317）、中華電（2412）、
台塑（1301）等公司

因為持有一籃子股票的特性，想要透過買進不同產業的個股分散風險時，即使是手頭資金不多的投資人，也能靠著ETF達到降低長期投資風險的效果。以元大台灣50（0050）為例，它追蹤台灣50指數，買下後等於持有台灣市值前50大的公司，就不需要擔心自己會踩到地雷股（詳見圖1）。

ETF的交易方式也十分簡單，和股票類似，投資人辦理了證券戶後，就可透過營業員、電話或是網路下單。在買賣ETF時，會收取0.1425%的手續費。而賣出時須收取的證交稅，ETF只需0.1%，相較股票交易的0.3%，交易成本相對較低（詳見圖2）。除了交易規則和股票相似，

ETF交易成本低，證交稅僅0.1%
—以元大台灣50（0050）為例，65元買進、70元賣出

**買入
1張**
交易手續費
=65（元）×1,000（股）×0.1425%
=**92.625元**

**賣出
1張**
交易手續費＋證交稅
70（元）×1,000（股）×（0.1425%＋0.1%）
=**169.75元**

ETF 同樣也可以零股買賣，對小資族來說更是入門的好選擇（詳見表
1）。

　　存股族在挑選標的時，極為看重公司的長期穩定性，ETF 會定期汰弱
留強，等於是自動幫投資人檢視投資組合。由於各 ETF 追蹤的指數，
都有自己一套篩選成分股的方式，會加入符合條件的公司，同時淘汰
表現不好的公司，因此相較於一般公司可能會因為經營不善，或是碰
到大環境不佳，而面臨倒閉的風險，ETF 鮮少發生倒閉的情況，對於存
股族來說無疑是一劑強心針。

表1 購買ETF須支付管理費
──交易成本、管理費、漲跌幅限制、配發股利之差異

	ETF	股票
交易成本	買賣各付一次0.1425%手續費＋賣出需付0.1%證交稅	買賣各付一次0.1425%手續費＋賣出需付0.3%證交稅
管理費	國內ETF約0.3%至0.4%、國外ETF約0.3%至0.99%	無
漲跌幅限制	追蹤國內指數為10%，追蹤國外指數則無	10%
配發股利	部分有	部分有

存股選國內原生ETF

從 2003 年元大台灣 50 作為國內第 1 檔 ETF 上市至今，統計至 2020 年 3 月 20 日為止，在台灣上市的 ETF 已擴展到 125 檔（詳見圖 3），無論是追蹤方式或是追蹤標的，都有了更多元的種類可提供投資人選擇。依照反映報酬的方式，可簡單分為原生 ETF、槓桿 ETF 以及反向 ETF。

　　由於槓桿與反向 ETF 的報酬型態，不同於原生 ETF，它們追求的是更高的報酬與避險的效果，多使用短線操作，和存股族期待能長期持有的目標背離，因此應優先選擇原生 ETF，槓桿與反向 ETF 則不適合作為存股的工具（詳見圖 4）。

　　加上槓桿與反向 ETF 無論追蹤國內外指數，都是利用衍生性金融商品來模擬指數波動，因此不會收到公司發出的股息，自然也就無息可配。因此，要和存個股相同的話，投資人就應該挑選國內的原生 ETF，例如元大高股息（0056）會在 10 月底、11 月初除權息。若是追蹤國外指數的原生 ETF 則不一定會配息，投資人可參考該 ETF 公開說明書中收益分配的規定，這一類 ETF 不配息給受益人的主要原因通常只是基於稅負考量（股利稅與健保補充費），因此對投資人不見得不好，但其持有公司所配出的現金，會反映在 ETF 的淨值上，並不會憑空消失，投資人不用擔心，只是要注意，這類 ETF 的市價是否能貼近淨值。

　　另外，部分 ETF 也會受到漲跌幅的限制，判斷的方式為是否追蹤國內的指數。例如元大高股息，它追蹤的指數為台灣高股息指數，因此其漲跌幅比照大盤同樣為 10%，而追蹤國外指數的 ETF 則沒有漲跌幅限制，投資人就要小心，下單時盡量以限價單掛出，否則如果以市價下單，很可能會出現買在最高點、賣在最低點的情形，到時候損失會非常慘重。

圖3 **在台灣可選擇的ETF分為3類、共125檔**
──原生ETF、槓桿ETF、反向ETF之分類

ETF

| 原生ETF
90檔 | 槓桿ETF
18檔 | 反向ETF
17檔 |

| 國內成分
21檔 | 國外成分
52檔 | 境外指數
1檔 | 期貨ETF
16檔 |

註：資料資料統計至 2020.03.20　　資料來源：證交所

圖4 **槓桿與反向ETF適合以短線操作**
──原生ETF、槓桿ETF、反向ETF反映報酬的方式不同

當追蹤指數上漲1%

原生ETF
會跟著上漲1%，例如元大台灣50（0050）

槓桿ETF
會跟著上漲2%，例如富邦上証正2（00633L）

反向ETF
會下跌1%；反之指數下跌時會上漲1%，例如元大台灣50反1（00632R）

資料來源：證交所

Chapter 1
Chapter 2
Chapter 3
Chapter 4
Chapter 5
Chapter 6
Chapter 7

穩定配息、買進門檻低，0050、0056最適合存股

ETF 有 3 大優勢，國內原生 ETF 又如同股票一樣會配發現金股利，自然也成存股族使用的工具。而在台灣上市的 ETF 當中，有 2 檔 ETF 可說是受到許多長期投資者喜愛，分別為元大台灣 50 與元大高股息：

元大台灣 50》投資市值前 50 大公司

元大台灣 50 全名為「元大台灣卓越 50 證券投資信託基金」，是台灣目前交易量和規模最大的 ETF，其股價近期約在 85 元至 100 元之間波動。其特色為囊括台灣市值前 50 大的上市公司，和大盤指數的連動性極高。

因此，元大台灣 50 只要台灣股市存在的一天，它就不會消失。元大台灣 50 追蹤的台灣 50 指數，會在每年 3 月、6 月、9 月及 12 月審核成分股，不符合篩選條件的公司就會遭到剔除，以維持 50 檔優質的股票，不需要投資人操心。

觀察元大台灣 50 的股利政策，2014 年至 2018 年現金股利殖利率平均為 2.9%（詳見圖 5），儘管報酬看似低於市場上許多熱門的高殖利率股，其穩定性卻是其他個股難以超越之處。另外，投資人要留意過去元大台灣 50 為 1 年配息 1 次，但從 2016 年開始，改成 1 年

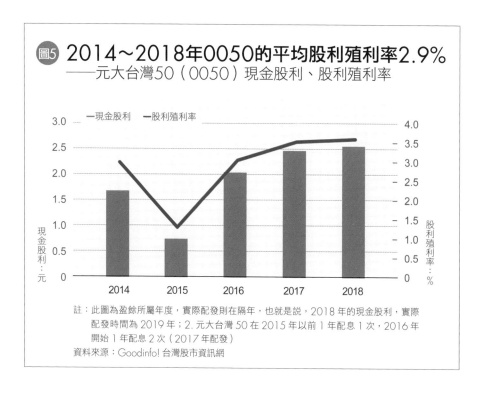

圖5 **2014～2018年0050的平均股利殖利率2.9%**
——元大台灣50（0050）現金股利、股利殖利率

註：此圖為盈餘所屬年度，實際配發則在隔年，也就是說，2018年的現金股利，實際
　　配發時間為2019年；2.元大台灣50在2015年以前1年配息1次，2016年
　　開始1年配息2次（2017年配發）
資料來源：Goodinfo!台灣股市資訊網

配息2次，分別以6月30日與12月31日作為收益評價日，並在次
月除息。

　　有些存股族在領取股利時，會擔心「賺了股利、賠了價差」，元大台
灣50還有另外1個優點，就是年年皆能填息，最快紀錄曾1天就填
完息，自2005年發放現金股利以來，平均2個月內就能完成填息，
投資人就不用擔心會賠上價差。

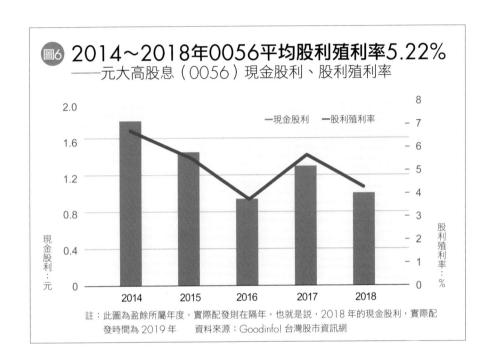

圖6 **2014～2018年0056平均股利殖利率5.22%**
——元大高股息（0056）現金股利、股利殖利率

註：此圖為盈餘所屬年度，實際配發則在隔年，也就是說，2018年的現金股利，實際配發時間為2019年　　資料來源：Goodinfo! 台灣股市資訊網

元大高股息》投資股利殖利率前 30 高公司

如果投資人想要透過 ETF，取得穩定的股利收入，但元大台灣 50 的股價卻又讓不少手頭資金較少的存股族下不了手，其實可考慮以高殖利率為特色，全名為「元大台灣高股息證券投資信託基金」的元大高股息。其股價多在 20 元至 30 元之間波動，年輕人、小資族都能輕鬆上手。

與元大台灣 50 以市值作為篩選條件不同，元大高股息注重成分股的

現金股利殖利率。它追蹤的指數為「台灣高股息指數」，從台灣 50 指數與台灣 100 指數共 150 間公司中，挑出未來 1 年預測殖利率最高的前 30 間公司。

　台灣高股息指數每年 6 月與 12 月會進行篩選，各成分股的權重是依照預測殖利率決定。觀察元大高股息股利政策，2014 年至 2018 年的平均現金股利殖利率為 5.22%（詳見圖 6），因為其篩選成分股的特性，所以它的現金股利殖利率高於元大台灣 50，可說是門檻較低的存股好選擇。

Chapter 1

Chapter 2

Chapter 3

Chapter 4

Chapter 5

Chapter 6

Chapter 7

圖解教學❶　查詢ETF淨值

ETF的真實價值稱為「淨值」，而市場上買賣的價格則為「市價」，照理來說ETF的市價應要極為貼近淨值。不過，有時候會因買賣雙方需求不同，而有偏離。此處以元大高股息（0056）為例，示範如何查詢ETF的淨值與市價的差距。進入MoneyDJ首頁（www.moneydj.com），在❶「搜尋欄」輸入元大高股息的股號0056，並選擇❷「ETF」，點擊❸「搜尋」，跳轉至搜尋結果的頁面後，選擇❹「元大台灣高股息基金」。

STEP 2　進入元大高股息的資料頁面後，選擇❶「淨值表格」，便能看到最新的❷「市價與淨值」資訊。往下滑則會有❸近30日淨值與資訊。當市價高於淨值就稱為「溢價」，市價低於淨值則稱為「折價」。

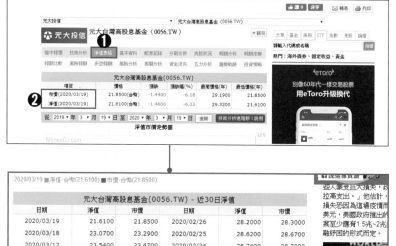

元大台灣高股息基金(0056.TW) - 近30日淨值					
日期	淨值	市價	日期	淨值	市價
2020/03/19	21.6100	21.8500	2020/02/26	28.2000	28.3000
2020/03/18	23.0700	23.2900	2020/02/25	28.6200	28.6700
2020/03/17	23.5400	23.6700	2020/02/24	28.7400	28.7000
2020/03/16	24.1700	24.4100	2020/02/21	28.9400	28.9000
2020/03/13	24.9500	25.2900	2020/02/20	29.0200	28.9300
2020/03/12	25.7800	25.9300	2020/02/19	29.0500	28.9600
2020/03/11	26.8700	26.9700	2020/02/18	28.7700	28.8000
2020/03/10	27.1300	27.2500	2020/02/17	28.8800	28.8000
2020/03/09	27.0200	27.2500	2020/02/14	28.9100	28.7900
2020/03/06	27.7500	27.8800	2020/02/13	28.7200	28.6400
2020/03/05	28.0700	28.1000	2020/02/12	28.6500	28.5600
2020/03/04	27.7900	27.8600	2020/02/11	28.4300	28.3400
2020/03/03	27.8100	27.9300	2020/02/10	28.0800	28.1400
2020/03/02	27.6200	27.7500	2020/02/07	28.1900	28.2300
2020/02/27	27.7300	27.9000	2020/02/06	28.5000	28.4400

資料來源：MoneyDJ

149

圖解教學❷ 查詢ETF股利配發紀錄以及除權息日程

STEP 1

想要查詢ETF的配息紀錄、除權息日期，可以利用「Goodinfo!台灣股市資訊網」（www.goodinfo.tw/StockInfo/）。首先在❶「股票代號／名稱」欄目輸入ETF代碼，在此以元大中型100（0051）為例。輸入完成後按下❷「股票查詢」。

STEP 2

進入元大中型100的查詢頁面之後，則可以選擇左方的❶「除權息日程」，就會出現❷「0051元大中型100除權息日程一覽表」，可以同時看到0051的歷年❸「現金股利、股票股利」發放紀錄、❹「除息交易日」與❺「填息花費日數」。

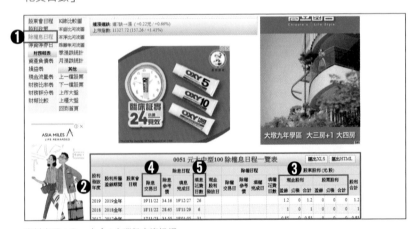

資料來源：Goodinfo! 台灣股市資訊網

▶▶ Chapter 4

擬定策略
提升報酬率

4-1 定期定額買進 降低風險兼強迫儲蓄

儘管已經了解存股的好處與優點，但對於不少新手來說，到底該如何踏出存股的第 1 步仍是充滿疑惑和不安，「到底什麼時候才是買點？」、「現在買會不會買貴了？」、「只有幾千元的我，真的有能力存股嗎？」然而，若是困在這些問題中一再觀望，反而會拖延了投資的腳步、削弱了存股的複利效果。

事實上，對於不知道如何找買點、資金不多、無法花太多時間在研究股票的新手投資人來說，利用「定期定額法」買零股存股，是多位存股達人身體力行、且相當推薦的存股入門策略。

千萬不要小看這種看似呆板無聊、機械式的定期定額投資法，事實上這種存股策略，對於新手來說好處多多，不僅能夠有效降低風險，還能發揮聚沙成塔的效果，穩定擴大部位，對於豐收股利更有感。

定期定額投資法最大的特色就是不挑買點、不擇時機的持續紀律性買進，較為常見是運用在基金投資上，但是實際上，運用在優質存股的

投資上也可以有很不錯的效果，且投資報酬率更是遠勝於定存。

　　以統一超（2912）、大統益（1232）、玉山金（2884）等優質存股標的為例，若是能夠從 2014 年 1 月 1 日起每月投資 1 萬元，並將每年股利再滾入投資，至 2019 年 12 月 31 日則年化報酬率都有至少 14% 的水準，玉山金的年化報酬率更是高達 19.68%（不考慮交易成本，詳見圖 1）。對於存股新手來說，一開始由定期定額投資策略入手，有以下好處（詳見圖 2）：

1. 平均成本、降低風險

　　投資市場瞬息萬變，商品價格起起落落，要掌握價格高低點談何容易，就連許多專業投資機構都未必能做到，更何況是投資新手或一般忙於工作的上班族，通常都沒有能力也沒有時間挑選進場時機，若是不小心買在高點，恐怕未領股利，先慘遭套牢。

　　不過，定期定額的投資方式卻能做到高價減碼、低價加碼，長期執行就能平均每股成本，也能降低投資風險，更能夠提高投資勝率。

2. 穩健擴大部位

　　定期定額投資方式是機械式的買進，不論股價高低都在買，也因此視定期的頻率不同，每月、每季、每年都能夠持續穩定的累積股票部位。

這樣的做法最大的好處是，能夠讓存股新手加速擴大部位，而一旦部位能夠持續擴大，投資人就能累積更多股利再投資，也就能加速降低持有成本。

3. 訓練投資紀律

人在投資的時候都難免會有盲點，會受市場情緒左右而追高殺低，更何況是初入市場的新手，而出現在高點賣出，在低點卻反而不敢進場的狀況，完全違背投資紀律。但若能採用定期定額投資，就可以避免這樣的狀況，也養成投資人紀律投資。

4. 適應市場波動

股票投資是屬於波動相對大的投資方式，近年來的波動更有擴大的趨勢，新手投資人若是不將資金分批，而是一開始就直接投資一大筆資金，不僅提高投資風險，對於沒接受過市場波動震撼的人來說，很容易因為畏懼市場波動而存不住股票。若是能夠將資金分批進場，甚至由幾千元的低門檻開始，慢慢適應市場波動，也比較不容易驚慌。

將發薪日設為存股日、把意外之財當加碼金

在實際執行上，定期定額的投資方式最怕就是失去紀律、中斷投資，而失去平均成本、降低風險的效果。而最容易造成定期定額投資中斷

Chapter 1

Chapter 2

Chapter 3

Chapter 4

Chapter 5

Chapter 6

Chapter 7

圖1 **定期定額投資玉山金，5年累積報酬率超過90%**

——玉山金（2884）日線圖

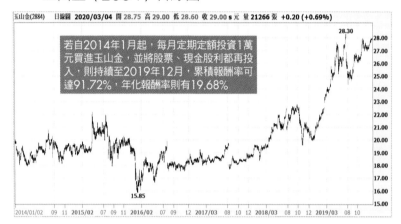

若自2014年1月起，每月定期定額投資1萬元買進玉山金，並將股票、現金股利都再投入，則持續至2019年12月，累積報酬率可達91.72%，年化報酬率則有19.68%

——玉山金（2884）2014～2018年股利政策

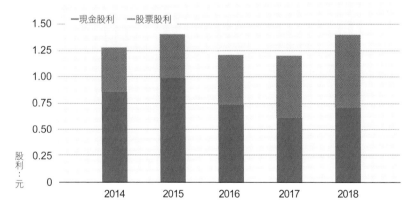

註：1.資料統計時間2020.03.20；2.此圖為盈餘所屬年度，實際配發則在隔年，也就是說，2018年的現金股利，實際配發時間為2019年

資料來源：XQ全球贏家、淘股網、財報狗

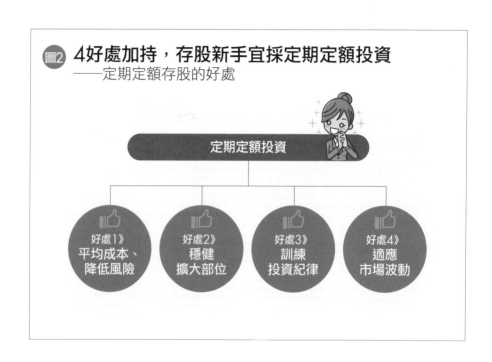

図2 **4好處加持，存股新手宜採定期定額投資**
——定期定額存股的好處

定期定額投資

好處1》
平均成本、
降低風險

好處2》
穩健
擴大部位

好處3》
訓練
投資紀律

好處4》
適應
市場波動

的原因，就是「沒錢投資」，把原本該用來投資的錢花在如社交、娛樂等其他支出上，等到要投資時，資金反而不夠了，使得原本該紀律投資的定期定額存股策略變成有一搭沒一搭的。

為了避免這樣的狀況，建議存股新手要將定期定額的操作時間設在薪資入帳期間，一般來說就是在每月月初，只要公司發薪之後，就先將計畫要用來投資的金額轉進股票交割帳戶，確保不會因為額外的支出影響了每月的投資計畫，這也就是眾多理財專家常常強調的「收入－

圖3 把定期定額存股當作強迫儲蓄
──投資觀念、定期定額實際操作對照

◎投資觀念

收入 ─ 儲蓄（投資） ＝ 支出

◎定期定額實際操作

| 步驟1》 將定期定額存股操作時間訂在月初薪資入帳後 | 步驟2》 待每月月初薪資入帳 | 步驟3》 先將要用來定期定額的投資資金轉入交割帳戶 | 步驟4》 剩餘的錢才用於其他的花費支出 |

儲蓄（投資）＝支出」（詳見圖3）。

　　除了每月薪資中能夠撥出來投資的固定金額之外，有時候也會有意外之財的進帳，例如業績獎金、年終獎金，甚至是中了樂透、發票的獎金。此時資金又該如何運用呢？建議可以使用以下3種方式：

　　1. 將獎金等分，仍分散於每月的存股投資，不要一次全數投入。例如收到2萬元的獎金，就可以分散成10筆2,000元，加在每月定期

157

定額的投資金額之上。

2. 將這筆資金先存入股票交割帳戶，等待好的加碼機會出現，再利用此筆資金進場。

3. 當然投資人也可以將以上 2 種方式綜合運用，先將部分資金留下等待加碼，其餘的資金則一樣可以分配在每月的定期定額投資（詳見圖 4）。

善用券商系統，每月自動下單交易

原先，若是想要定期定額存零股的投資人，一般來說都要自己在盤後掛單零股交易，但現在為了方便，已經有券商推出與基金投資相近的定期定額零股投資系統，提供想利用定期定額存股的投資人使用。

利用這樣的系統，投資人只要在一開始設定好每月固定的投資日期、金額、個股以及出價條件，系統就會在指定日自動掛單，省去每月自己要下單的麻煩。甚至，若是當日的價格無法成交，或是成交金額未到投資上限，系統隔日會再連續掛單來達成設定條件，最多會自動連續掛 4 天，且每月定期定額的最低投資金額只要 1,000 元，門檻相當親民。

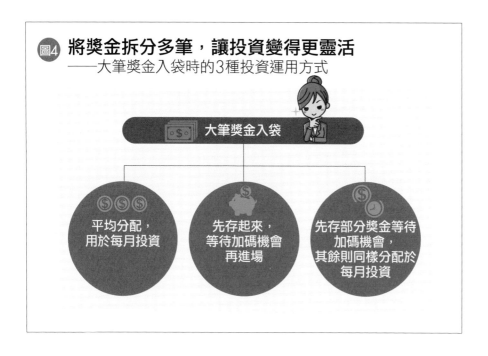

圖4 **將獎金拆分多筆，讓投資變得更靈活**
——大筆獎金入袋時的3種投資運用方式

大筆獎金入袋

平均分配，
用於每月投資

先存起來，
等待加碼機會
再進場

先存部分獎金等待
加碼機會，
其餘則同樣分配於
每月投資

Chapter 1
Chapter 2
Chapter 3
Chapter 4
Chapter 5
Chapter 6
Chapter 7

　　除此之外，政府現在也關注到這樣的投資方式以及投資人的需求，金管會已開放民眾可以定期定額買股票，證交所也已經宣布在 2017 年 1 月 16 日正式開放這項業務。這種定期定額買股票的方式，跟投資人自行以零股定期定額交易又有什麼不同呢？

　　根據目前的政策方向，這種存股模式比較相近於「團購」概念，由券商統一在盤中買進與投資人約定的股票，再分配給定期定額投資人。好處是，比起盤後零股交易，在盤中透過券商以團購模式買進，股票

透過券商定期定額買進與團購概念相近
──定期定額買零股vs.透過券商定期定額買進

定期定額買零股	項目	透過券商定期定額買進
盤後交易（13：40～14：30）	交易時間	盤中（09：00～13：30）
集合競價	成交價格	券商買進均價
手續費、證交稅	費用	手續費、證交稅、相關服務費用

資料來源：金管會、證交所

流動性會更好，交易成功機率愈高（詳見表1）。

　　由於盤後交易是零股交易，流動性較低，通常以零股流通量大的權值股買進機會比較大，但是某些績優股在外流通零股少，買到的機會就相對低很多，無形中也限縮了存股族的投資機會，但若未來能改用券商在盤中以整張買進再分配給定期定額的投資人，則將大大促進投資機會。

　　不過，由於這種方式是由券商先墊錢買進再分配給投資人，因此預料券商有可能會再收取相關服務費用，可待各券商推出服務後，有興趣的投資人再自行詢問。

圖解教學　**用零股投資系統設定每月自動下單**

STEP
1

以元富證券為例，投資人開戶之後，進入元富證券網站（www.masterlink.com.tw／）中的❶「小資零股理財平台」，登入帳號之後，點選❷「圓夢規劃」→❸「申請零股定期定額專案」，再點選❹「申請零股專案」圖示。

接續
下頁

點選❶你的帳號後，按❷「下一步」。

申請零股專案必須具備❶有效的電子憑證、E-mail、申請每日成交通知書，以及簽署零股定期定額同意書，確認資格皆符合之後，點選❷「下一步」。

STEP 4

替自己的存零股專案選擇❶存股目標後,點選❷「下一步」。

 STEP 5

依照需要❶設定委託指示,設定完成之後,點選❷「下一步」。

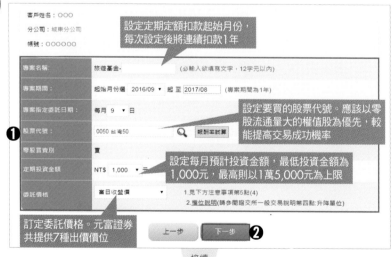

接續
下頁

STEP 6

可看到系統已經設定好❶未來1年每月的委託指示單，確認條件無誤後，將畫面拉到最下方，點選❷「送出委託指示」，即設定完成。

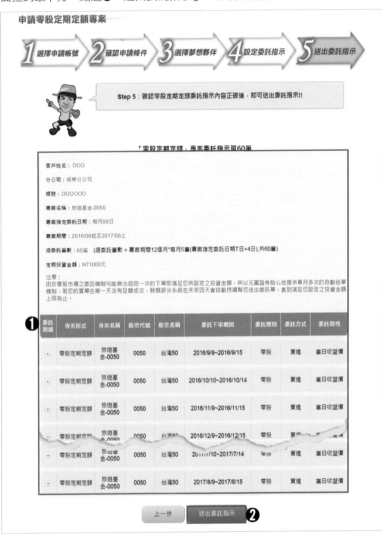

資料來源：元富證券

延伸學習

定期買進元大台灣50，年化報酬率達9.7%

除了買個股來存之外，實際上，投資人定期定額買進追蹤台股大盤指數的元大台灣50（0050）也能有相當不錯的效果，就算是1年只買1次，報酬率也遠優於將錢傻傻存在銀行裡。假設自2010年起，每年1月10日（如遇假日，則延後一交易日）以10萬元資金買進元大台灣50，則至今（以2020年2月27日為例，當日股價為88.65元）累積報酬率為多少？

買進日期	收盤價買進	每年買進股數	買股資金		當年每股現金股利	當年實領現金股利
			自出資金	股利再投入		
2010.01.11	57.90	1,727	99,993	0	2.20	3,799
2011.01.10	59.85	1,734	100,000	3,799	1.95	6,749
2012.01.10	50.70	2,105	100,000	6,749	1.85	10,297
2013.01.10	54.50	2,023	100,000	10,297	1.35	10,245
2014.01.10	57.55	1,915	100,000	10,245	1.55	14,731
2015.01.12	65.75	1,744	100,000	14,731	2.00	22,496
2016.01.11	56.55	2,166	100,000	22,496	0.85	11,402
2017.01.10	72.40	1,538	100,000	11,402	2.40	35,885
2018.01.10	83.75	1,622	100,000	35,885	2.90	48,065
2019.01.10	74.80	1,979	100,000	48,065	3.00	55,659
2020.01.10	97.30	1,599	100,000	55,659	2.90	58,441
合計		20,152	1,099,993			

註：單位為元；當年實領現金股利採四捨五入計；股利以配發年度認列；2016年起元大台灣50股利分為2次發放（2017年配發）；2020年現金股利只計算2020年1月31日發放的金額
資料來源：Goodinfo! 台灣股市資訊網、XQ全球贏家

累積報酬率
＝〔（持有總股數×2020年2月27日收盤價＋2020年現金股利）－總投入成本〕／總投入成本×100%
＝〔（20,152股×88.65元＋58,441元）－1,099,993元〕／1,099,993元×100%
＝68% ◀ 年化報酬率9.7%

接續
下頁

2010～2020年實領現金股利

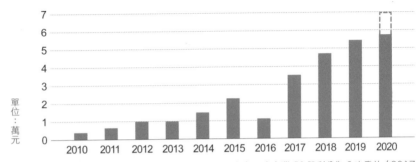

單位：萬元

註：現金股利採四捨五入取到整數位；2016 年起元大台灣 50 股利分為 2 次發放（2017
年配發）；2020 年現金股利只計算 2020 年 1 月 31 日發放的金額
資料來源：Goodinfo! 台灣股市資訊網

由此可知，自2010年開始不間斷的執行到2020年2月，則10多年間累積買進的
元大台灣50股票已經超過20張，現金股利更是幾乎年年成長，至2020年2月已經
領到將近5萬9,000元，相當是許多上班族的1個月薪水，等同幫自己加薪1個月。

這個試算還只是每年投入10萬元存元大台灣50的效果，若是你更厲害，每年能夠
存到20萬元、30萬元的存股資金，則存股效果將會更加明顯，可以領到的現金股
利就會是試算結果的2倍、3倍以上。維持這樣操作，到了退休之時，你每年就能
靠著現金股利領到一筆不少的退休金。

4-2 掌握現金殖利率、本益比
抓對逢低加碼時機

存股新手除了利用定期定額投資法作為存股入門的投資策略之外,千萬也別錯過在低價時加碼的機會,讓存股發揮速度加倍的效果!

為什麼這麼說呢?就跟百貨公司週年慶大打折的時候一樣,同樣的商品品質不變,但價格卻變便宜了,自然吸引大家趁著低價買好東西,此時買進最超值。

股票也是一樣,當優質股價格遭遇意外出現大跌價時,就是存股族進場加碼、撿便宜的好時機,不僅可以降低平均持有成本,還能擴大股數,更有利賺股利!

至於要如何判斷何時才是進場加碼的好時機呢?又該利用什麼指標做基準呢?一般來說,存股高手們最常利用的指標有兩個,一個是「現金殖利率」,另一個則是「本益比」(PE Ratio),基本上只要能夠掌握好這兩種指標,就能幫助你用划算的價格,買到理想的好股票,在存股路上想要撿便宜一點都不難!

現金殖利率》當上升至 6.25% 就是便宜價

首先要認識的就是「現金殖利率」（公式＝現金股利／股價），這是存股族最常見、也最重要的觀察指標，眾多存股高手都是利用這個指標作為進場的判斷依據。

什麼是現金殖利率呢？簡單來說，就是用來衡量企業所發放的現金股利能夠帶給投資人的報酬率，也就是若你以 100 元價位買進 A 股票 1 張，而 A 股票每年都能穩定配發 5 元現金股利，若不計股價漲跌，你存股每年能得到的報酬率就是 5%。對於存股族來說，現金殖利率的要求，則至少要高於定存利率加上通膨率（詳見圖 1），才具有存股的價值，也因此在公司營運沒有變動太大之下，現金殖利率愈高對於存股族來說就愈有利。

假設現在發生黑天鵝事件，造成市場系統性的嚴重賣壓，爆發股災，A 公司儘管營運、配息都無虞，股價仍難免受到拖累，此時就是投資人可以伺機撿便宜的時刻，例如 2016 年英國脫歐公投過關、2018 年中美貿易戰、2020 年新型冠狀病毒（俗稱武漢肺炎）疫情等，都一度造成全球性的股災，投資人就應該特別注意優質存股股價的表現。

因為若 A 公司仍可維持 5 元配息的水準，股價由 100 元跌到 90 元，

圖1 存股殖利率應大於定存利率＋通膨率
──台銀1年期定存固定利率vs.消費者物價指數年增率走勢

─台銀1年期定存固定利率　─消費者物價指數年增率

台銀1年期定存固定利率：%

消費者物價指數年增率：%

目前-0.21%

2010.01　2012.07　2015.01　2017.07　2020.01

註：資料統計2010.01～2020.02　　資料來源：中央銀行、主計總處

投資人此時買進就會相對划算，代表以較低股價買到一樣多的股利收入。在現金股利不變之下，股價與現金殖利率呈反向關係（詳見圖2）。

但股價跌1元也是跌，跌3元也是跌，應該要跌到多低才夠便宜、值得進場加碼呢？有絕對標準嗎？存股族可以採用財經書暢銷作家溫國信所提出的5年平均現金股利法，這是存股投資人廣為運用的方式，財經網站「財報狗」也利用這套指標設計了「平均現金股息河流圖」供用戶參考，對新手而言是簡單計算又容易判斷加碼時機的做法。

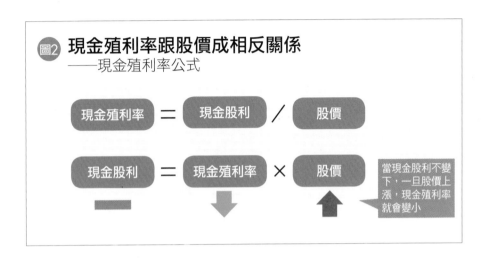

圖2 **現金殖利率跟股價成相反關係**
——現金殖利率公式

現金殖利率 ＝ 現金股利 ／ 股價

現金股利 ＝ 現金殖利率 × 股價

當現金股利不變下，一旦股價上漲，現金殖利率就會變小

　　溫國信認為，當股價為 5 年平均現金股利的 20 倍時，此時股價屬於合理，因現金殖利率約為 5%。但是當公司營運正常，股價卻下跌至 5 年平均現金股利的 16 倍時，代表現金殖利率上升至 6.25%，股價已經相對便宜，此時就是值得進場加碼的好時機！但若是股價已經超過 5 年平均現金股利的 32 倍以上，使得殖利率降至 3.125% 以下，就代表股價太貴了（詳見表 1）。

　　建議存股族，平常就可以先設算投資標的值得進場加碼的價位，擬好計畫，一旦股價落至此價位之下，就能進場加碼撿便宜。舉例，像是大統益（1232）的 5 年（2015 年～ 2019 年，此處為配發年度）平均現金股利是 5 元，則代表股價跌到 80 元（5 元 ×16 倍）之下或

Chapter 1
Chapter 2
Chapter 3
Chapter 4
Chapter 5
Chapter 6
Chapter 7

 用現金殖利率即可判斷股價水準
——便宜價、合理價、昂貴價的判斷標準

價位水準	條件
便宜價	股價為5年平均現金股利率的16倍，也就是現金殖利率上升至6.25%以上
合理價	股價為5年平均現金股利率的20倍，也就是現金殖利率為5%
昂貴價	股價為5年平均現金股利率的32倍，也就是現金殖利率降至3.125%以下

是靠近此價位時，就是適合拿出獎金加碼的時候！

　但還是要再度強調，這種方式適用於營運穩定、股利長期穩定發放的公司，並不適用於股利忽然出現一次性拉高，而使得現金殖利率拉升的狀況，也不適用於營運、股利發放起伏大的公司，否則反而很有可能會掉進高殖利率陷阱。

本益比》可搭配 EPS 反推加碼價

　除了現金殖利率之外，本益比也是常用來判斷股價是否合理的重要指標。所謂「本益比」，指的就是股價相對於每股稅後盈餘（EPS）的倍數（詳見圖3）。EPS就是公司營運賺來的錢，換個角度想，本益比也

延伸學習

於合理價以下進場加碼，放大報酬率

◎固定買進

假設自2010年起，每年1月10日（如遇假日，則延後一交易日）以15萬元資金買進互盛電（2433），則至今（以2020年3月12日為例，當日收盤價為48.95元）累積報酬率為多少？

| 買進日期 | 收盤價 | 每年買進股數 | 買股資金 | | 當年每股現金股利 | 當年實領現金股利 |
			自出資金	股利再投入		
2010.01.11	22.45	6,681	149,989	0	1.44	9,621
2011.01.10	30.45	5,242	150,000	9,621	2.18	25,992
2012.01.10	33.55	5,245	150,000	25,992	4.35	74,681
2013.01.10	28.70	7,828	150,000	74,681	2.50	62,490
2014.01.10	50.80	4,182	150,000	62,490	4.00	116,712
2015.01.12	44.05	6,054	150,000	116,712	3.20	112,742
2016.01.11	42.60	6,167	150,000	112,742	3.30	136,617
2017.01.10	40.15	7,138	150,000	136,617	2.70	131,050
2018.01.10	44.05	6,380	150,000	131,050	3.50	192,210
2019.01.10	42.00	8,147	150,000	192,210	3.50	220,724
合計		63,064	1,499,989			

註：單位為元；當年實領現金股利採四捨五入計；股利以配發年度認列　　資料來源：XQ全球贏家、財報狗

累積報酬率

＝〔（持有總股數×2020年3月12日收盤價＋2020年現金股利）－總投入成本〕／總投入成本×100%

＝〔（63,064股×48.95元＋220,724元）－1,499,989元〕/1,499,989元×100%

＝121% ◀ 年化報酬率13.6%

◎每年逢低加碼一次

假設自2010年起,每年1月10日(如遇假日,則延後一交易日)以10萬元資金買進大統益,並以5萬元以及現金股利於現金殖利率出現合理價以下加碼,則至今(以2020年3月12日為例,當日收盤價為48.95元)累積報酬率為多少?

買進日期	收盤價	每年買進股數	買股資金		當年每股現金股利	當年實領現金股利
			自出資金	股利再投入		
2010.01.11	22.45	4,454	99,993	0	1.44	10,087
2010.02.08	19.60	2,551	50,000	0		
2011.01.10	30.45	3,284	100,000	0	2.18	27,073
2011.07.14	28.20	2,130	50,000	10,087		
2012.01.10	33.55	2,980	100,000	0	4.35	80,666
2012.10.29	24.50	3,145	50,000	27,073		
2013.01.10	28.70	3,484	100,000	0	2.50	66,633
2013.01.17	28.25	4,625	50,000	80,666		
2014.01.10	50.80	1,968	100,000	0	4.00	126,232
2014.08.18	39.70	2,937	50,000	66,633		
2015.01.12	44.05	2,270	100,000	0	3.20	121,693
2015.08.24	41.95	4,201	50,000	126,232		
2016.01.11	42.60	2,347	100,000	0	3.30	148,408
2016.08.17	37.35	4,596	50,000	121,693		
2017.01.10	40.15	2,490	100,000	0	2.70	141,472
2017.04.17	40.20	4,935	50,000	148,408		
2018.01.10	44.05	2,270	100,000	0	3.50	208,740
2018.10.26	38.50	4,973	50,000	141,472		
2019.01.10	42.00	2,380	100,000	0	3.50	238,630
2019.01.11	42.00	6,160	50,000	208,740		
合計		68,180	1,499,993			

加碼(左側箭頭標示多列)

註:單位為元;當年實領現金股利採四捨五入計;股利以配發年度認列　　資料來源:XQ 全球贏家、財報狗

累積報酬率

=〔(持有總股數×2020年3月12日收盤價+2020年現金股利)-總投入成本〕
　/總投入成本×100%

=〔(68,180股×48.95元+238,630元)-1,499,993元〕/1,499,993元
　×100%

=138% ◄ 年化報酬率15.3%

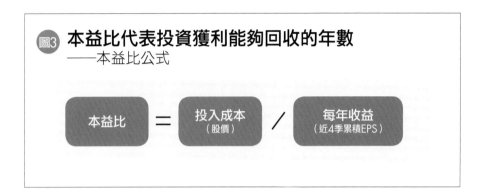

圖3 本益比代表投資獲利能夠回收的年數
——本益比公式

本益比 ＝ 投入成本（股價） ／ 每年收益（近4季累積EPS）

就代表投資一家公司「獲利能夠回收的年數」，若是以 50 元價位，買進一家每年可以賺 5 元的公司，等於這間公司每年可以為股東賺 5 元，因此你買進後 10 年就可以回本。

在公司賺錢能力不變的情況之下，若是本益比愈低，代表股價也就愈低，如果能趁此時買進，等同於以更划算的價格，買進一家會賺錢的公司。

至於本益比應該降到多少之下才是值得加碼的進場價格呢？價值投資達人雷浩斯指出，過去市場一般多認為股票本益比在 8 ～ 12 倍之間就是可以布局加碼的價位，但是近年來市場資金氾濫，資金追逐收益，推升股價，使得許多優質股的本益比並不容易落至這個水準；再加上各家公司、產業營運模式狀況有差異，要統一以一個本益比的絕

圖4 利用EPS、本益比推算進場加碼價
——進場加碼價計算

| 進場加碼價 | = | 近12個月最低本益比 | × | 近4季累積EPS |

對數字來概括並不公允。

因此雷浩斯建議，存股族可以利用各公司近 12 個月來的最低本益比，再乘上近 4 季累積的 EPS 來反推股價低點，作為進場加碼的依據（詳見圖4），這種方式的好處就是更為貼近公司的趨勢表現，對存股新手來說也不困難。

舉例而言，遠傳（4904）近 12 個月（2019.03～2020.02）的最低本益比是 25.16 倍，近 4 季累積的 EPS 則為 2.53 元，進場加碼價就是 63.65 元（25.16 倍 ×2.53 元），一旦股價低於此價位、甚至是靠近這個價位，就可以開始準備加碼撿便宜。

另外，存股達人華倫也建議，許多優質存股，因為具有高獨占性的優

勢，市場會願意用更高的價錢投資這檔股票，也因此使得本益比不太容易下降。而他建議，若要投資這樣高本益比的公司，投資人就要更有耐心，等候每年市場大跌的時機再進場加碼，因為此時這類高本益比公司也多少會修正，就會是相對便宜的進場點，若手上有資金的話，就可以優先加碼這類股票，且這類股票之後也較容易反彈。

圖解教學❶ 用5年平均現金股利法推算進場價

STEP 1

進入財報狗網站首頁（statementdog.com），在股票搜尋欄位輸入❶個股名稱或股號查詢並且按下❷「搜尋」符號，就能進入個股頁面，此處以互盛電（2433）為例。

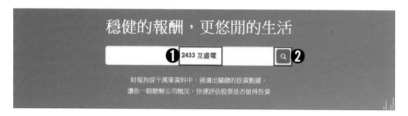

STEP 2

選擇❶「價值評估」項下的❷「平均現金股息河流圖」後，點選❸「5年平均現金股息河流圖」，就可以看到目前個股月均價的位置。再將畫面往下拉，則可以看到已經利用5年平均現金股息換算好的價位，以互盛電為例，最新的值得加碼的價位就是在❹「51.84」元以下。

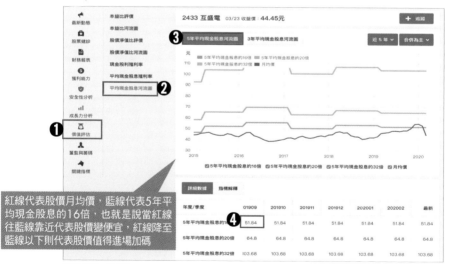

紅線代表股價月均價，藍線代表5年平均現金股息的16倍，也就是說當紅線往藍線靠近代表股價變便宜，紅線降至藍線以下則代表股價值得進場加碼

資料來源：財報狗

177

圖解教學❷　查詢近4季累積EPS、近12個月最低本益比

STEP 1

同樣進入財報狗網站首頁（statementdog.com），在股票搜尋欄位輸入❶個股名稱或股號查詢，此處以遠傳（4904）為例；接著按下❷「搜尋」符號。

STEP 2

查詢近4季累積EPS：在左方選單選擇❶「財務報表」項目下的❷「每股盈餘」，先選擇❸「季報」、再選擇❹「近4季累積EPS」，即可在右下方看到❺最新近4季EPS數字。

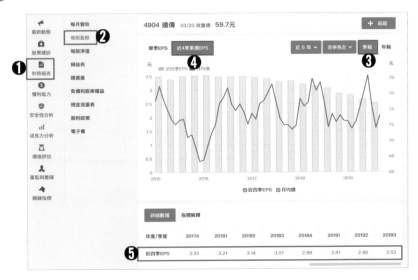

年度/季度	20174	20181	20182	20183	20184	20191	20192	20193
❺ 近四季EPS	3.33	3.21	3.14	3.07	2.88	2.81	2.66	2.53

查詢近12個月最低本益比：選擇❶「價值評估」後，點選❷「本益比評價」，選擇❸「近3年」，就可以看到近3年本益比水準，也可以由下方本益比數據確認❹近12個月最低本益比水準，接著只要再乘上步驟2找到的近4季累積EPS，即可推得進場加碼價位。

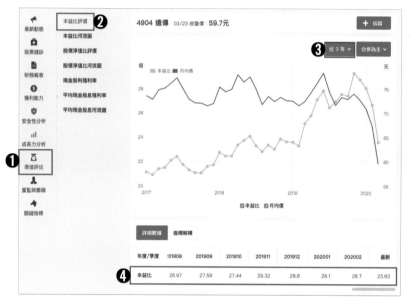

資料來源：財報狗

▶▶ Chapter 5

靠除權息
加速財富累積

親自參與股東會
即時掌握公司股利政策

5-1

　　投資人開始存股，成為公司的股東後，到了每年 5 月～ 6 月，就會收到一份「股東會通知書」，通知你參加公司一年一度的股東會，這可是攸關各位投資人當年度可以拿到多少股利、股利什麼時候會入袋的年度大會！

　　依據規定，上市（櫃）公司會在每年 5 月～ 6 月間，必須召開一年一度的股東常會（最晚要在 6 月 30 日前召開），並且得在開會前 30 天通知股東。因此，投資人只要持有超過 1 張（即 1,000 股）股票，在每年這段期間，都會收到「股東會通知書」（詳見圖 1），但是，如果持有股數不滿 1 張（即 1 股～ 999 股）的人，不會特別收到通知，必須自行上網查看公告。

　　股東會通知書上會列有密密麻麻的資訊，讓人眼花撩亂，但是，投資人只要抓住幾個重點就可以了：首先，是開會日期、時間和地點，並且確認你是要親自出席，或要委託他人代表出席。除此之外，公司當年度股東會是否會發放紀念品，在通知書上也會告知，並有哪些地點

圖1 1分鐘看懂股東會通知書的關鍵「眉角」

——以中工（2515）105年股東會開會通知書為例

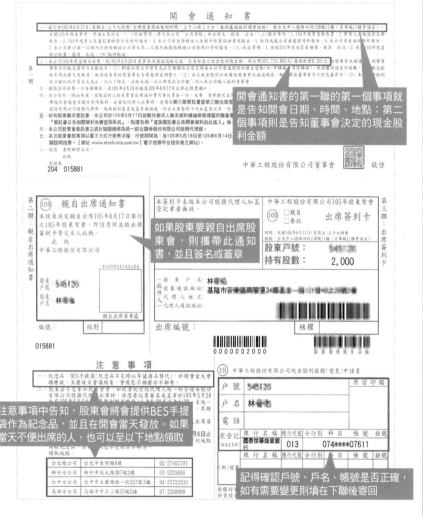

開會通知書的第一聯的第一個事項就是告知開會日期、時間、地點；第二個事項則是告知董事會決定的現金股利金額

如果股東要親自出席股東會，則攜帶此通知書，並且簽名或蓋章

注意事項中告知，股東會將會提供BES手提袋作為紀念品，並且在開會當天發放。如果當天不便出席的人，也可以至以下地點領取

記得確認戶號、戶名、帳號是否正確，如有需要變更則填在下聯後寄回

可以領取的資訊。如果是想要領股東會紀念品的投資人，可以憑著「股東會通知書」與印章，在股東會當天於現場領取，或在規定期間內至特定地點領取，也可以委託家人帶著通知書與印章代為領取。

紀念品通常是數百元左右的物品，從日常生活用品到禮券都有。對小資存股族來說，這些紀念品如果用得到的話就很實用；如果用不到的話也可以在網路上拍賣，不無小補。紀念品領取的地點通常都在台北市，如果投資人不方便領取的話，可以透過市場上所謂的委託書徵求業者代為領取。這些業者有的會在各縣市設立委託書徵求與紀念品代換處；有的會設立股東代領網站，投資人可以委託他們出席股東會、代換紀念品，有的業者會收取代換費，有的則免，都可以事先詢問。

接著，通知書上還會寫出股東會的待討論事項，以及董事會討論過的配息、配股金額，這個數字可以作為當年股利的參考，但是，這不是最後定案的金額，確切金額還需要經過股東會通過才算數，因此，如果公司配發的股利金額太低，造成股東不滿而在股東會上提起討論，公司仍有可能加發股利，是投資人主張自己權益的好機會。

最後，需要注意的是配發股利的帳號是否正確。公司配發的現金股利會匯入股東的銀行交割帳戶，配發的股票股利會發到股東的集保帳戶。如果股東的聯絡地址與電話有更動的話，可以更改後將通知書寄回。

至於股東會實際上到底在做什麼呢？一般來說，股東會的主要內容是承認前一個年度的各項營業事項、財務報表、盈餘分配以及虧損撥補等，但是，對於存股族來說，最重要的就是「股利政策」，股東會上將決定盈餘的分配方式，也就是如何發放股利：是現金股利還是股票股利、要配發多少金額，以及何時發放，所有細節在這天都會有定案。

除權息日前一個交易日買進，才能參與股利分配

在股東會後也會決定幾個有關股利政策的關鍵日期（詳見圖2），投資人如果想要領取股利，這幾個日期不可不知！首先，是「除權除息日」。想要參與除權息的人，必須要在這天之前持有股票。換句話說，投資人最慢要在「除權除息日」的「前一個交易日」收盤前買進股票；相反地，不想要參與除權息的人，則要在「除權除息日」的「前一個交易日」收盤前賣出股票。

舉例來說，大統益（1232）2019年的除息日是在7月10日，現金股利是5元，如果投資人想要領到這5元的現金股利，最遲要在2019年7月9日的收盤前買進大統益的股票，才能參與股利分配，如果是在2019年7月10日才買進，就來不及了。

由於台灣的股票交割制度是「T＋2」，也就是買進股票後的2天內

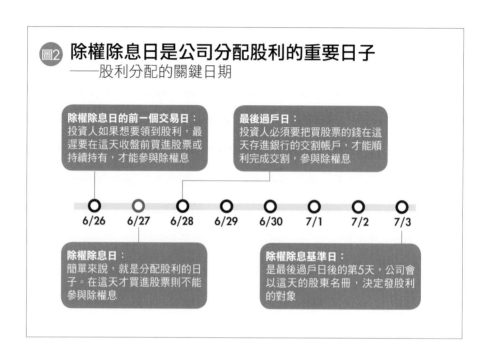

圖2 除權除息日是公司分配股利的重要日子
——股利分配的關鍵日期

除權除息日的前一個交易日：
投資人如果想要領到股利，最遲要在這天收盤前買進股票或持續持有，才能參與除權息

最後過戶日：
投資人必須要把買股票的錢在這天存進銀行的交割帳戶，才能順利完成交割，參與除權息

6/26　6/27　6/28　6/29　6/30　7/1　7/2　7/3

除權除息日：
簡單來說，就是分配股利的日子。在這天才買進股票則不能參與除權息

除權除息基準日：
是最後過戶日後的第5天，公司會以這天的股東名冊，決定發股利的對象

要完成交割，因此，「除權除息日」的隔天就是「最後過戶日」，意思就是投資人在「除權除息日」的前一個交易日買進的股票，最晚要在這天完成過戶。如果最後過戶日遇到假日，公司多要求投資人必須於前一個營業日辦理過戶，此部分可以留意各公司所發布的公告。

在「最後過戶日」後，公司會利用 5 天的時間清查股東名單，目的是要建立股東名冊，確認到底是誰可以領到股利。不過，特別要提醒投資人的是，在這 5 天內買賣股票，並不會影響你能否領取股利的資

格。也就是說，如果投資人已經在「除權除息日」的前一個交易日前買進股票，就代表你具有領取股利的資格，就算投資人在這段期間內賣出股票，也是能夠領到股利；相反地，如果投資人在這段期間內才買進股票，就沒有領取股利的資格。

而「最後過戶日」後的第 5 天是「除權除息基準日」，公司會依據這天的股東名冊，決定發放股利的對象。

Chapter 1
Chapter 2
Chapter 3
Chapter 4
Chapter 5
Chapter 6
Chapter 7

圖解教學　查詢單一公司除權除息日與股利發放細節

STEP 1

如果投資人想要知道公司的除權息日或股利發放細節等資訊，可以利用「Yahoo!奇摩股市」（tw.finance.yahoo.com）查詢。首先，在上方搜尋列中輸入想要查詢的股票代號或名稱。此處以❶「大統益（1232）」為例。

STEP 2

進入大統益的個股頁面後，系統會先顯示出大統益的股價走勢圖，在個股資料欄位中，點選❶「基本」。

STEP 3 進入大統益基本資料的頁面後，投資人就可以看到❶「現金股利」、❷「股東會日期」、❸除權息日期等資訊。

公司資料　營收盈餘　申報轉讓

公司 資 料			
基 本 資 料		**股東會及 107年配股**	
產業類別	食品	❶ 現金股利	5.00元
成立時間	71/05/24	股票股利	-
上市(櫃)時間	85/02/09	盈餘配股	-
董事長	羅智先	公積配股	-
總經理	陳昭良	❷ 股東會日期	108/06/11
發言人	陳昭良		
股本(詳細說明)	16億		
股務代理	統一證02-27463797		
公司電話	06-6984500		
營收比重	油脂產品56.32%、商品及其他41.16%、加工業務2.52% (2018年)		
網　址	http://www.ttet.com.tw/		
工　廠	台南官田廠		

獲 利 能 力 (108第3季)		最新四季每股盈餘		最近四年每股盈餘	
營業毛利率	11.15%	108第3季	1.45元	107年	5.67元
營業利益率	6.67%	108第2季	1.32元	106年	5.11元
稅前淨利率	6.81%	108第1季	1.86元	105年	5.58元
資產報酬率	4.23%	107第4季	1.77元	104年	5.70元
股東權益報酬率	6.33%	每股淨值:	23.89元		

❸

除 權 資 料		除 息 資 料	
除權日期	-	除息日期	108/07/10
最後過戶日	-	最後過戶日	108/07/11
融券最後回補日	-	融券最後回補日	108/07/04
停止過戶期間	-	停止過戶期間	108/07/12-108/07/16
停止融資期間	-	停止融資期間	-
停止融券期間	-	停止融券期間	108/07/04-108/07/09

資料來源：Yahoo! 奇摩股市

延伸學習

查詢多家公司的除權息行事曆

前面教的方法是查詢單一公司的除權息資訊，如果投資人想要知道每天或近期有哪些公司要進行除權息，可以到網路上利用「理財行事曆」作為關鍵字查詢，有許多券商或股市資訊平台都會提供相關資訊。

以MoneyDJ理財網（www.moneydj.com/Z/ZE/ZEJ/ZEJ.djhtm）為例，投資人可以在「依事件」項目中選擇「除權息」，就可以看到近期有哪些公司要進行除權息，也可以選擇按下「上二週」、「下二週」，查詢有哪些公司有除權息計畫。

當然，也可以利用這方式查詢近期有哪些公司會召開股東常會或是股東臨時會、召開法人說明會、有哪些新股要上市上櫃等資訊，是方便掌握上市櫃公司近期動向的好方式。

理財行事曆

期間：自01/01至01/14

	上二週　本週　下二週			依事件	
01/01 星期日				✓ 所有事件	
01/02 星期一				未上市轉興櫃掛牌 改類股掛牌	
01/03 星期二	4803 VHQ-KY 法人說明會			法人說明會 股東會 股東臨時會 重大訊息	
01/04 星期三	2308台達電 海外法人說明會	2382廣達 海外法人說明會	2474可成 海外法人說明會	海外法人說明會 特別股掛牌 記者會	
01/05 星期四	2308台達電 海外法人說明會 2882國泰金 海外法人說明會	2311月光 海外法人說明會 4529赫湃 法人說明會	2382廣達 海外法人說明會 6462神盾 海外法人說明會	除權息 終止掛牌 減資後新股掛牌 新股掛牌	2823中壽 海外法人說明會
01/06 星期五	2308台達電 海外法人說明會	2311月光 海外法人說明會	2382廣達 海外法人說明會	新產品發表會 業績發表會 增資股上市 轉上市掛牌	
01/07 星期六					
01/08 星期日					
01/09 星期一	2308台達電 海外法人說明會				
01/10 星期二	1264德麥 股東臨時會	2308台達電 海外法人說明會	6271同欣電 海外法人說明會	6422 君耀-KY 除權息	6552易華電 新股掛牌
01/11 星期三	1529樂士 股東臨時會	2308台達電 海外法人說明會	6271同欣電 海外法人說明會	6702興航 股東臨時會	

資料來源：MoneyDJ 理財網

會配息的優質公司
才是存股族理想標的

5-2

　　股東會後，每年的第 3 季就是台股一年一度的重頭戲——除權息旺季，這是存股族每年最期待的日子，因為企業會在這段期間內配發股利，代表過去一年來，存股族努力工作所存的股票，終於可以領取股利、快樂收割了。

　　但是，對於存股新手來說，此時不免會感到困惑，有的公司除權、有的公司除息、有的公司既除權又除息，它們之間有何不同？到底可以拿到多少的股利？真正存進戶頭的現金又有多少？除此之外，「填權息」、「貼權息」又代表什麼意思呢？為什麼除權息當天，公司明明沒有壞消息，開盤後股價卻「大跌」呢？以上這些問題都將在本篇為各位投資人一一解答，只要看完，保證全部一清二楚！

公司盈餘分配方式：除權與除息

　　所謂的「除權息」是「除權」與「除息」的合稱，「除」是分配的意思，代表公司將過去一年的盈餘分配給股東，而分配的方式有 2 種：「除權」

除權時持有股數會增加，除息時會領到現金
——除權息後持有股數與現金變化

股利分配方式	持有股數	領到現金
除權	增多	無
除息	不變	有
除權息	增多	有

代表是將盈餘透過股票股利（股權）分配給股東，又稱為配股；「除息」代表是將盈餘透過現金股利分配給股東，又稱為配息，而將這 2 種方式一起使用，也就是同時配息又配股，就稱為「除權息」（詳見表 1）。

各公司分配盈餘的方式會依公司的營運模式與階段而有所差異，一般來說，處於成長期的公司會比較偏好保留現金，以因應投資需求，例如：蓋廠房、買設備、做研發等，因此會傾向於配股；處於成熟期的公司因為營運、獲利穩定，所以比較樂於以配發現金股利的方式回饋給股東。理想的存股標的應該選擇以配發現金股利為主的公司。

至於投資人當年度可以分配到多少配息或配股呢？計算方式是將手中持有的總股數，乘上公司當年度宣布的配息金額，就等於可以領到的現金股利。至於股票股利的算法，則是將手中持有的總股數，乘上

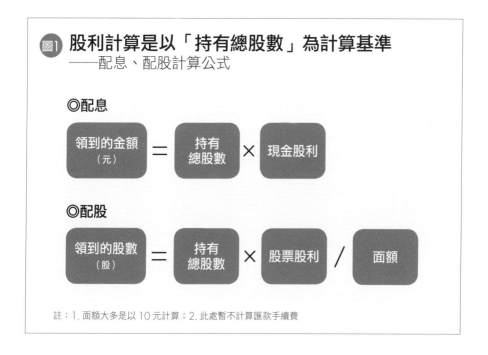

圖1 股利計算是以「持有總股數」為計算基準
——配息、配股計算公式

◎配息

| 領到的金額（元） | ＝ | 持有總股數 | ✕ | 現金股利 |

◎配股

| 領到的股數（股） | ＝ | 持有總股數 | ✕ | 股票股利 | ／ | 面額 |

註：1. 面額大多是以 10 元計算；2. 此處暫不計算匯款手續費

公司當年度宣布的配股金額，最後再除以每股面額（大多是 10 元），就是投資人可以拿到的「股子」，而「股子」會直接進入你的集保帳戶。要特別提醒的是，股利計算的單位都是以「持有總股數」為準，而不是「持有總張數」（詳見圖 1）！

至於領取到的現金股利又該如何運用呢？購物犒賞自己嗎？當然不是！這樣就浪費了資金再投資的「複利威力」。存股達人華倫就強調，「股利一定要再投資！」由於存股族追求的就是股利再投資所帶來的

複利威力，因此現金股利到手後，一定要再投資，才能發揮加乘的效果，千萬不要當作多了一筆意外之財，隨意花掉。

另外，華倫建議，存股新手可以先從幫自己建立一個存股組合做起，例如：選擇 3 個產業，各挑 1 檔標的來存股，一旦現金股利入袋後，就可以從這 3 檔標的中，選擇 1 檔近期跌幅較深的進行加碼，用股利養股票，這樣就能放大股利再投資的效果。

除權息造成股票價值減少，股價必須下修調整

存股新手另一個常見的困惑，就是在除權息當天，為什麼股價開盤後就會「大跌」？除此之外，在除權息旺季的 7 月、8 月，媒體上常看到「除權息季來臨 大盤指數將蒸發 300 點」、「台積電除權息 大盤指數蒸發 40 點」這類標題，不免讓人懷疑，難道除權息是拖累大盤表現的利空消息嗎？

其實不是這樣的。除權息當天股價開盤下跌的原因在於：如果公司配息，代表公司是拿現金來發給股東，公司淨值將會減少，因此股票對應的價值也隨之降低，股價必須隨之調整；如果公司配股，代表公司的淨值雖然不變，但是在市場上流通的股數增多了，換算之後也代表每股所表彰的價值降低了，因此股價也必須跟著調整。

Chapter 2

Chapter 3

Chapter 4

Chapter 5

Chapter 6

Chapter 7

圖2 除權息當天的開盤價常會出現跳空缺口
——以裕日車（2227）為例

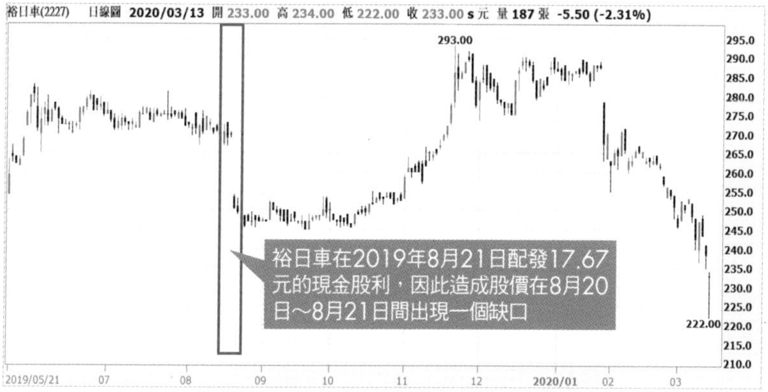

裕日車(2227) 日線圖 2020/03/13 開 233.00 高 234.00 低 222.00 收 233.00 s 元 量 187 張 -5.50 (-2.31%)

裕日車在2019年8月21日配發17.67元的現金股利，因此造成股價在8月20日～8月21日間出現一個缺口

註：資料統計時間2019.05.21～2020.03.13　　資料來源：XQ全球贏家

　　也因為如此，在除權息當天，個股的股價會重新調整，而調整的方式是依據個股除權息前一個交易日的收盤價，重新計算出「除權息參考價」作為開盤競價基準。由此可知，只要公司配股、配息愈多，個股在除權息當天的開盤競價基準，就會與前一個交易日的收盤價落差愈大，因此，個股在除權息當天的開盤價，往往會出現一個跳空缺口（詳見圖2）。

　　至於投資人可以領到多少的現金或「股子」呢？假設投資人持有 1 張（1,000 股）A 公司的股票，該股票的面額為 10 元，且 A 公司宣

布 8 月 5 日為除權除息日，而 A 公司 8 月 4 日的收盤價為 120 元。
在不同的狀況下：除權、除息，以及除權息時，A 公司的除權（息）參
考價與投資人可以領到的股利有何差異：

狀況 1》除息：配發 6 元現金股利

總現金股利＝持有總股數 × 每股現金股利

6,000 元＝ 1,000 股 ×6 元

除息參考價＝除息前一個交易日收盤價－每股現金股利

114 元＝ 120 元－ 6 元

狀況 2》除權：配發 5 元股票股利

總股票股利＝持有總股數 × 每股股票股利 ÷ 股票面額（10 元）

500 股＝ 1,000 股 ×5 元 ÷10 元

除權參考價＝除權前一個交易日收盤價 ÷（1 ＋配股率）

80 元＝ 120 元 ÷（1 ＋ 50%）

股票股利5元，代表每1,000股配500股，因此配股率則為50%

狀況 3》配發 6 元現金股利＋ 5 元股票股利

總股利收入＝現金股利＋股票股利

＝ 6,000 元＋ 500 股

　　除權息參考價＝（除息前一個交易日收盤價－現金股利）÷（1 ＋配股率）

　　76 元＝（120 元－ 6 元）÷（1 ＋ 50%）

只要公司基本面良好，股價遲早會完成填權息

　　至於「貼權息」、「填權息」又是什麼意思呢？對於存股族的影響有多大？經過前面的試算和解說，投資人應該已經了解，除權息後，因為股票總價值必須維持不變，所以除權息當天，股價會以除權息參考價作為開盤競價基準，也就是會比前一個交易日的收盤價還低，使得股價會出現一段跳空缺口。

　　而「填權息」指的是，股價從除權息參考價漲回除權息日前一個交易日的收盤價，回填這一段因為除權息所造成的價格缺口。能夠快速填權息的股票，通常是比較受市場認同的股票。

　　舉例來說，以生產黃豆加工食品（例如：豆腐）為主的中華食（4205），在 2019 年配發 2.8 元的現金股利，除息日為 7 月 17 日，而前一個交易日的收盤價為 78 元，代表除息當天的參考價為 75.2 元。

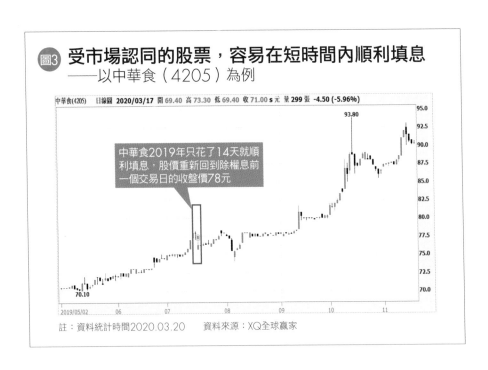

圖3 受市場認同的股票，容易在短時間內順利填息
——以中華食（4205）為例

中華食2019年只花了14天就順利填息，股價重新回到除權息前一個交易日的收盤價78元

註：資料統計時間2020.03.20　　　資料來源：XQ全球贏家

除息後，中華食的股價在 7 月 30 日又重新站上 78 元，代表中華食只花了 14 天就順利填息，填息力道強勁（詳見圖 3）。

對於投資人來說，要是在中華食除息前一個交易日以收盤價 78 元，買進 1 張現股，持有至 7 月 30 日，不僅手中的股票市值不變，還多賺進了 2,800 元的現金股利（暫不考慮交易成本）。

至於「貼權息」則是指相反的狀況，也就是個股除權息後，股價無法

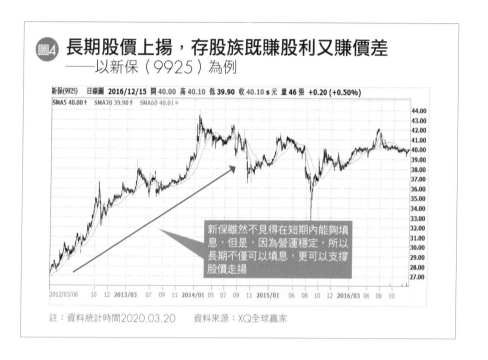

圖4 長期股價上揚，存股族既賺股利又賺價差
——以新保（9925）為例

新保雖然不見得在短期內能夠填息，但是，因為營運穩定，所以長期不僅可以填息，更可以支撐股價走揚

註：資料統計時間2020.03.20　　資料來源：XQ全球贏家

再漲回除權息前一個交易日的收盤價，甚至再往下跌破除權息參考價。一旦出現這種狀況，就是「賺了股利、賠了價差」，反而得不償失。

對於趕在除權除息日前買進，之後又急著賣出的短線投資人而言，股價無法在短時間內填權息，的確會造成「賺了股利、賠了價差」的影響。但是，存股族應該在乎的是長期趨勢，只要個股基本面良好，長期股價仍會有支撐（詳見圖4），因此，股價能否於短期內填息並不重要，更何況，存股族要賺的是長期的股利、配息，而不是短線的波段財。

　　另外，有些個股早在除權息日之前就提前反映，也就是股價提早上漲，在這種情況下，個股也容易會貼權息。不過，再次強調，只要公司的基本面無虞，營運、獲利穩定，就算當年度無法填權息，只要長線股價持續走揚，仍是有機會填權息。

圖解教學　試算除權息參考價

STEP 1

現在網路工具發達，對於懶得自己動手計算除權息參考價的投資人，證交所也提供了試算工具，只要填入股價、配股／配息金額，系統就會直接算出個股除權息參考價。首先，進入證交所首頁（www.twse.com.tw），點選上方工具列的❶「產品與服務」，再選擇❷「投資人知識網」。

STEP 2

接著，進入下個頁面後，點選上方工具列的❶「服務專區」→❷「除權除息減資參考價格等試算」。

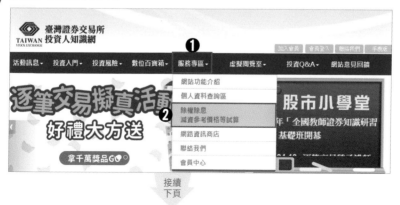

接續
下頁

STEP 3 進入下一個頁面後，投資人可以在左方的工具列中選擇的❶「除權除息減資參考價格等試算」。

STEP 4 進入試算頁面後，輸入❶「除權除息前股價」，以及❷「現金股利／股票股利」，並且按下❸「試算」，系統就會算出個股的除權（息）參考價。

資料來源：證交所

Chapter 2

Chapter 3

Chapter 4

Chapter 5

Chapter 6

Chapter 7

5-3 股利所得合併計稅
對小資存股族更有利

　　存股族每年收到股利固然開心,但是,不要忘了,股利收入也是所得的一種,因此也在所得稅的徵收範圍內。因為每個人適用的綜合所得稅率不同,所以可能還會出現補稅或退稅的情況。

　　此外,2013 年起,二代健保補充保費開始課徵,股利收入也納入徵收範圍,只要達到一定標準的投資人,就會被課徵二代健保補充保費。到底投資人每年收到股利後,是需要補稅,還是可以獲得退稅的小確幸呢?到底會不會被課徵二代健保補充保費呢?本章將一次說明清楚!

「兩稅合一制」走入歷史,新制計稅改採2擇1

　　為了建立符合國際潮流且具有競爭力的所得稅制,行政院於 2017 年 10 月 12 日通過財政部所提的《所得稅法》部分條文修正案,並且於 2018 年 1 月 1 日施行。

　　對於眾多股民來說,此次《所得稅法》修法最重要的地方在於,股

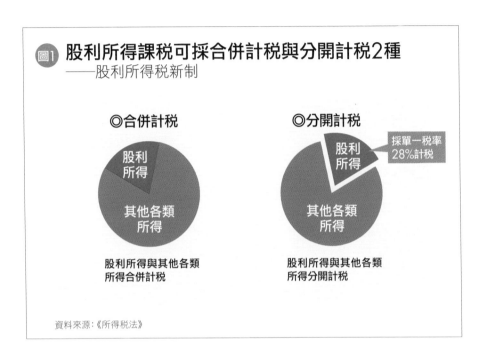

圖1 股利所得課稅可採合併計稅與分開計稅2種
——股利所得稅新制

◎合併計稅

股利所得

其他各類所得

股利所得與其他各類所得合併計稅

◎分開計稅

股利所得

其他各類所得

採單一稅率28%計稅

股利所得與其他各類所得分開計稅

資料來源：《所得稅法》

利所得課稅方式的調整，也就是說，從 2018 年 1 月 1 日開始，個人股利所得的課稅方式，就會從營利事業所得稅和綜合所得稅合併計算的「兩稅合一制」，改為「合併計稅減除股利可抵繳稅額（簡稱合併計稅）」和「單一稅率分開計稅（簡稱分開計稅）」的二擇一制度（詳見圖1）。

在深入了解新制度前，先和大家講解一下在計算綜合所得稅時，必須要了解的 3 個關鍵名詞，分別是「綜合所得淨額」、「應納稅額」和「應

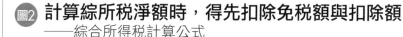

圖2 計算綜所稅淨額時，得先扣除免稅額與扣除額
——綜合所得稅計算公式

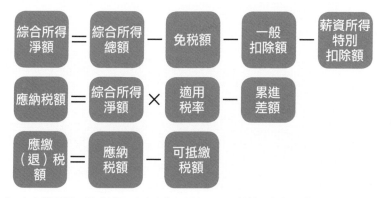

註：1. 免稅額部分：70 歲以下，每人 8 萬 8,000 元；70 歲以上，每人 13 萬 2,000 元；2. 一般扣除額部分：可以分為標準扣除額（單身 12 萬元、夫妻 24 萬元）和列舉扣除額（包含捐贈、人身保險費、自用住宅購屋借款利息、房屋租金支出等），納稅人可擇一申報
資料來源：財政部

Chapter 2
Chapter 3
Chapter 4
Chapter 5
Chapter 6
Chapter 7

繳（退）稅額」（詳見圖 2）。

關鍵名詞 1》綜合所得淨額

綜合所得淨額是用綜合所得總額扣除免稅額、一般扣除額（可以分為「標準扣除額」和「列舉扣除額」2 種，可擇一申報）和薪資所得特別扣除額後的數字。

為了簡化說明，假設納稅義務人小明是「單身」、「無扶養親屬」、

表1

綜合所得淨額逾453萬才會被課最高稅率40%

——綜合所得稅率與累進差額

綜合所得淨額（元）	適用稅率（％）	累進差額（元）
0〜540,000	5	0
540,001〜1,210,000	12	3萬7,800
1,210,001〜2,420,000	20	13萬4,600
2,420,001〜4,530,000	30	37萬6,600
>4,530,001	40	82萬9,600

資料來源：財政部

採用「標準扣除額」來申報所得稅，由此可知，小明的免稅額為 8 萬 8,000 元、標準扣除額為 12 萬元、薪資所得特別扣除額為 20 萬元。在此情況下，如果小明的綜合所得總額為 50 萬元，則他的綜合所得淨額為 9 萬 2,000 元（50 萬元－ 8 萬 8,000 元－ 12 萬元－ 20 萬元）。

關鍵名詞 2》應納稅額

應納稅額是用綜合所得淨額乘上適用稅率後，再扣除累進差額的數字，其中適用稅率和累進差額以政府公告為準（詳見表 1）。以小明來說，他的綜合所得淨額是 9 萬 2,000 元，介於「0 元〜 54 萬元」的級距間，因此其所對應的適用稅率為 5%，累進計差額為 0 元，由此可知，小明的應納稅額為 4,600 元（9 萬 2,000 元 ×5% － 0 元）。

Chapter 2

Chapter 3

Chapter 4

Chapter 5

Chapter 6

Chapter 7

表2 **若選擇合併計稅，可抵繳稅額上限為8萬**
──股利所得稅計算重點

稅制	計算方式	注意事項
合併計稅	其他各類所得和股利所得加總後的應納稅額－可抵繳稅額（股利所得×8.5%）	每一申報戶的可抵繳稅額上限為8萬元
分開計稅	其他各類所得的應納稅額＋股利所得稅額	股利所得採單一稅率28%計算

資料來源：財政部

關鍵名詞3》應繳（退）稅額

應繳（退）稅額是將全年應納稅額減去可抵繳稅額的數字。以小明來說，他的全年應納稅額為 4,600 元。假設可抵繳稅額為 4,000 元，表示小明應該要繳納 600 元（4,600 元－4,000 元）的稅額；假設可抵繳稅額是 5,000 元，表示小明可以得到 400 元（4,600 元－5,000 元）的應退稅額。

在了解這 3 個關鍵名詞後，接著就可以繼續來探討「合併計稅」和「分開計稅」的二擇一制度了（詳見表 2）。

我們先來看合併計稅。它是先將其他各類所得和股利所得加總，以計算全年的應納稅額後，再扣除 8.5% 的股利可抵繳稅額（8.5% 為政府

規定，且每一申報戶可減抵稅額上限為 8 萬元）計算。

　　要注意的是，綜合所得稅一個申報戶只能選擇一種股利課稅方式，因此，即使夫妻採取各類所得分開計稅，同樣只能選擇一種股利課稅方式。至於分開計稅，則是將其他各類所得的應納稅額和股利所得稅額分開計算以後，採取單一稅率 28% 計算，再將兩者數字加總。

　　光看文字說明相信大家應該還是看得霧煞煞吧？下面將舉兩個例子給大家參考。為了簡化說明，我們同樣假設案例中的納稅義務人皆是「單身」、「無扶養親屬」、採用「標準扣除額」申報所得稅，因此免稅額皆為 8 萬 8,000 元、標準扣除額皆為 12 萬元、薪資所得特別扣除額皆為 20 萬元。

案例1》薪資所得50萬元，股利所得10萬元

　　假設小王的薪資所得 50 萬元，股利所得 10 萬元，在採取不同的股利計稅方式下，他分別要繳稅或退稅多少錢？

方案 1》合併計稅

◎綜合所得淨額：60 萬元－ 8 萬 8,000 元－ 12 萬元－ 20 萬元
＝ 19 萬 2,000 元　`綜合所得總額`　`免稅額`　`標準扣除額`　`薪資特別扣除額`

◎**應納稅額：** 19 萬 2,000 元 ×5% － 0 元＝ 9,600 元

綜合所得淨額19萬2,000元，介於「0元～54萬元」，適用稅率為5%，累進差額為0元

◎**可抵繳稅額：** 10 萬元 ×8.5% ＝ 8,500 元

◎**應繳（退）稅額：** 9,600 元－ 8,500 元＝ 1,100 元

代表應繳稅

方案 2》分開計稅

◎**綜合所得淨額：** 50 萬元－ 8 萬 8,000 元－ 12 萬元－ 20 萬元
＝ 9 萬 2,000 元

薪資所得　　免稅額　　標準扣除額　　薪資特別扣除額

◎**應納稅額：** 9 萬 2,000 元 ×5% － 0 元＝ 4,600 元

綜合所得淨額9萬2,000元，介於「0元～54萬元」，適用稅率為5%，累進差額為0元

◎**股利應繳稅額：** 10 萬元 ×28% ＝ 2 萬 8,000 元

單一稅率28%

◎**應繳（退）稅額：** 4,600 元＋ 2 萬 8,000 元＝ 3 萬 2,600 元

代表應繳稅

結論 比較兩種稅制可以知道，如果小王採用合併計稅只須繳稅
1,100 元，如果小王採用分開計稅則須繳稅 3 萬 2,600 元，因此小
王應該採用合併計稅。

案例2》薪資所得500萬元，股利所得100萬元

假設小陳薪資所得 500 萬元，股利所得 100 萬元，在採取不同的

股利計稅方式下，他分別要繳稅或退稅多少錢？

方案 1》合併計稅

◎綜合所得淨額：600 萬元－ 8 萬 8,000 元－ 12 萬元－ 20 萬元
= 559 萬 2,000 元　綜合所得總額　免稅額　標準扣除額　薪資特別扣除額

◎應納稅額＝ 559 萬 2,000 元 ×40%－ 82 萬 9,600 元＝ 140
萬 7,200 元　綜合所得淨額559萬2,000元，在「4,530,001以上」，適用稅率為40%，累進差額為82萬9,600元

◎可抵繳稅額：100 萬元 ×8.5%＝ 8 萬 5,000 元

上限為8萬元，超過以8萬元計

◎應繳（退）稅額：140 萬 7,200 元－ 8 萬元＝ 132 萬 7,200 元

代表應繳稅

方案 2》分開計稅

◎綜合所得淨額：500 萬元－ 8 萬 8,000 元－ 12 萬元－ 20 萬元
= 459 萬 2,000 元　薪資所得　免稅額　標準扣除額　薪資特別扣除額

◎應納稅額：459 萬 2,000 元 ×40%－ 82 萬 9,600 元＝ 100
萬 7,200 元　綜合所得淨額459萬2,000元，在「4,530,001以上」，適用稅率為40%，累進差額為82萬9,600元

◎股利應繳稅額：100 萬元 ×28%＝ 28 萬元

單一稅率28%

◎應繳（退）稅額：100 萬 7,200 元＋ 28 萬元＝ 128 萬 7,200 元

代表應繳稅

結論 比較兩種稅制可以知道，如果小陳採用合併計稅須繳稅 132

表3 高薪族申報股利所得稅時，最好採用分開計稅
——合併計稅與分開計稅適用對象

所得稅率	計稅方式
適用稅率20%以下者	合併計稅較划算
適用稅率30%以上者	分開計稅較划算

萬 7,200 元，如果小陳採用分開計稅則須繳稅 128 萬 7,200 元，因此小陳應該採用分開計稅。

看到這裡，相信大家已經能夠了解什麼是二稅擇一制了吧！從前面小王和小陳的案例中也可以看出，適用稅率較低者（例如：20% 以下），可以優先考慮「合併計稅」；適用稅率較高者（例如：30% 以上），可以優先考慮「分開計稅」（詳見表 3）。不過，這些都只是簡略的劃分，大家在運用時，還是得依照個人的實際情況去計算會比較準確。

單筆股利收入達2萬，將課1.91%健保補充保費

股利收益除了會因為計稅方式不同，而有補稅或退稅的差異之外，2013 年起上路的二代健保補充保費，也針對 6 類收入徵收保費，而股利所得就是其中之一（詳見圖 3）。

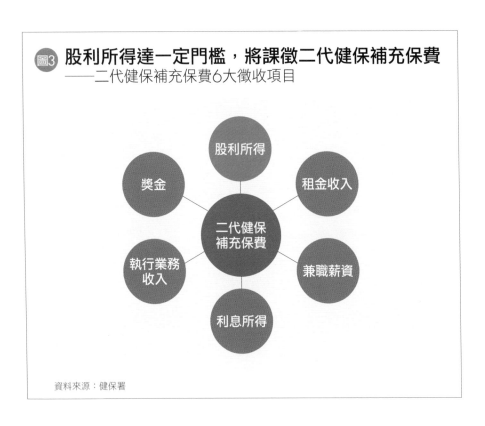

圖3 股利所得達一定門檻，將課徵二代健保補充保費
——二代健保補充保費6大徵收項目

股利所得

租金收入

獎金

二代健保
補充保費

兼職薪資

執行業務
收入

利息所得

資料來源：健保署

　　根據規定，只要單一公司所發放的股利總額在 2 萬元以上，投資人就會被收取 1.91% 的二代健保補充保費，計算上限是 1,000 萬元，也就是股利總額就算超過 1,000 萬元，保費還是以 1,000 萬元為基礎計算。但是，要提醒各位投資人，計算公式是以「股利總額」乘上 1.91%，而非「股利淨額」，因此，要將股利淨額加上可扣抵稅額才是股利總額。

圖4 搞懂關鍵數字，就能掌握實領股利金額
——以107年勝一（1773）股利發放明細為例

(283)	勝一化工　股份有限公司　107　年 現金股利發放暨領取通知書			
股 東 戶 號 　███	股 東 戶 名 　███			
❶ 基準日持有股數(A) 　4,000	每股股利(B) 4.60000000元	歷年未領現金股利	原留印鑑	
❷ 免稅股利(C=A*B) 18,400	應扣繳稅額 ＊＊＊＊＊＊＊ ❸		發放日：107年07月06日	
盈餘現金股利 18,400	可抵繳稅額 ＊＊＊＊＊＊＊		107年現金股利將於107年07月06日 匯入 ███ 銀行 ███	
免稅資本公積現金股利 　0	加 扣 稅 額 　0		＊僅此通知，請勿寄回＊	
應稅資本公積現金股利 　0	❷ 實際扣繳稅額(D) 　0		本人同意併領歷年現金股利	
❷ 代扣補充保險費(E) 　0	實 發 股 利 (H=C-D-E-F) 18,390	覆核	經辦 核印	銷帳編號
匯 　費(F) 　10				

❶代表可以參與配息的總股數，以及每股可以配發多少元的股利，將兩者數據相乘即能算出應發股利

❷將應發股利扣除實際扣繳稅額、代扣補充保險費（應發股利達2萬元才需要課繳）和匯費10元以後，才是實際進入帳戶的金額

❸應扣繳稅額和可抵繳稅額，要等到隔年5月繳交綜合所得稅時，才會計入

二代健保補充保費的扣取方式是「就源扣繳」，也就是達到收取門檻後，公司會在發放股利時，就先從現金股利中預扣（詳見圖4）。但是，如果現金股利的扣繳金額不足，或沒有現金股利可以扣取，健保署會再寄發繳費單給投資人，讓投資人持繳費單自行繳納。

假設投資人共持有15張玉山金（2884）的股票，股利淨額就是2

213

萬 1,450 元（現金股利 6,450 元＋股票股利 1 萬 5,000 元），可扣抵稅額則為 1,213 元（2 萬 1,450 元 ×11.31%×1 ／ 2），股利總額為 2 萬 2,663 元（2 萬 1,450 元＋ 1,213 元），股利總額已經超過 2 萬元的徵收門檻，因此必須繳費。至於二代健保補充保費實際的繳納金額，以及最後實領股利金額，計算公式如下：

二代健保補充保費＝股利總額 ×1.91%

433 元＝ 2 萬 2,663 元 ×1.91%（不足 1 元部分以四捨五入計算）。

實領現金股利＝現金股利淨額－二代健保補充保費

6,017 元＝ 6,450 元－ 433 元。

▶▶ Chapter 6

定期檢查
存股汰弱留強

6-1 當企業出現「質變」 持股盡快出脫

　　存股雖然強調的是長期持有，享受股利再投資所帶來的複利效果，但是千萬不要被字面上的意義誤導了，以為「存」股就跟定存一樣放著不動也沒關係。事實上，股票買進以後，仍是要定期檢視股票狀況，特別若是企業已經發生「質變」，營運模式、狀態已經不符合你當初買進時的理想時，就需要考慮賣出手中的持股，否則未來恐隨企業狀況惡化，拖累股價、股利愈走愈低，股票反而愈存愈虧。

　　而什麼樣的狀況可以被視為企業營運出現質變，存股投資人應該要將個股踢出呢？以下 3 種狀況出現時，投資人就該視為警訊：1. 產業趨勢轉變，公司商品和服務卻未跟上潮流、2. 護城河消失、3. 企業、經營階層誠信爆發疑慮。

警訊1》產業趨勢轉變，3～6個月內出清持股

　　企業要能生存，必定要能夠因應產業趨勢變化而調整，若是產業趨勢已經轉變，企業卻仍固守過去舊時代的產品與服務，沒有積極轉型

跟上趨勢，那麼這樣的個股被市場淘汰，恐怕也只是時間的問題。投資人一旦發現所存的股票有這樣的狀況，一定要即時處理，趁早賣出，否則恐怕只會留來留去「留成愁」。

　　曾是全球最大手機按鍵廠的閎暉（3311）就是一個相當值得投資人警惕的例子。在蘋果 iPhone 智慧型手機問世之前，全球主要的手機市場是以諾基亞（Nokia）、摩托羅拉（Motorola）的 2G 手機為主，而閎暉就是這些 2G 手機按鍵的主要供應商，2010 年時公司股價仍在百元之上。

　　然而，手機產業雖然持續發展，但在 iPhone 於 2007 年上市之後，市場趨勢已經由傳統 2G 手機轉變為智慧型手機，智慧型手機操作以面板觸控為主，對於按鍵的需求愈來愈低，閎暉的營收、獲利與股價也隨著一落千丈，營收由 2010 年的 138 億 3,500 萬元高峰，降至 2015 年僅剩下 35 億 3,000 萬元，萎縮超過 7 成，EPS（每股盈餘）也是逐步走低，股價更由 2010 年百元以上跌到 2016 年底僅剩下 14.8 元（截至 2016.12.26，詳見圖1）。2018 年股價曾經跌到 10.75 元（2018.10.26 盤中價），之後有小幅回升，2020 年 3 月 20 日收在 18.8 元。

　　沒有跟上產業轉型趨勢，營運持續衰退、獲利不見起色的閎暉，股利

Chapter 2

Chapter 3

Chapter 4

Chapter 5

Chapter 6

Chapter 7

自然也是愈配愈少，曾經在 2010 年每股能夠配出 6.15 元現金股利，直到 2015 年卻僅剩下 0.59 元（詳見圖 2），2016 年後更是完全沒有配發任何現金股利（資料統計至 2020.03.20）。

靠著理財、存股投資在 7 年內滾出 500 萬元資產的小資女艾蜜莉指出，若是觀察到持有的個股有跟不上產業趨勢的狀況，就要伺機出場。她指出，這類產業趨勢的轉變不是一夜之間，且這些企業也多仍會保有過去的獲利，因此股價不會立即崩盤，而是盤整向下，因此艾蜜莉建議，可以趁著 3 ～ 6 個月內股價波動的高點將股票出清，但處置最晚仍不得晚於 6 個月，也就是說，一旦觀察到趨勢轉變，最晚 6 個月內最好就將手中持股出清。

警訊2》護城河優勢不再，密切觀察、調整持股

在選擇存股標的時，具備「護城河」條件是一再被提及的，因為一家企業在營運上若能具備護城河條件，則代表在與對手競爭中占據了上風，這樣的條件也成為吸引我們選擇存股的原因。然而，若一家企業護城河優勢不再，也就代表當初吸引我們存股投資的條件已不存在，一旦這樣的情況出現時，也就是我們要考慮賣出的時候。

舉例來說，台股中有許多企業護城河優勢是建立在政府法規之上，透

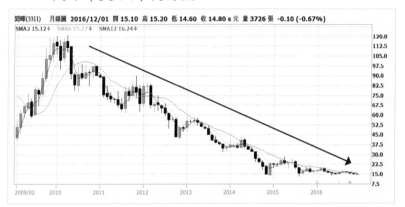

圖1 2010～2016年閎暉股價下跌逾8成
——閎暉（3311）月線圖

閎暉(3311)　月線圖 2016/12/01 開 15.10 高 15.20 低 14.60 收 14.80 s 元 量 3726 張 -0.10 (-0.67%)
SMA3 15.12↓　SMA6 15.77↓　SMA12 16.24↓

註：資料統計時間2020.03.20　　資料來源：XQ全球贏家

圖2 閎暉現金股利節節下滑，2015年已配不到1元
——閎暉（3311）歷年股利政策

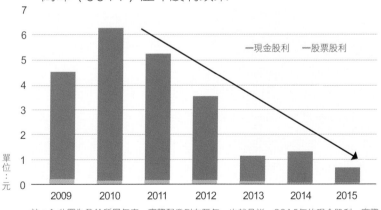

──現金股利　　──股票股利

單位：元

註：1.此圖為盈餘所屬年度，實際配發則在隔年，也就是說，2015年的現金股利，實際
　　配發時間是2016年；2.資料統計時間2020.03.20　　資料來源：財報狗

219

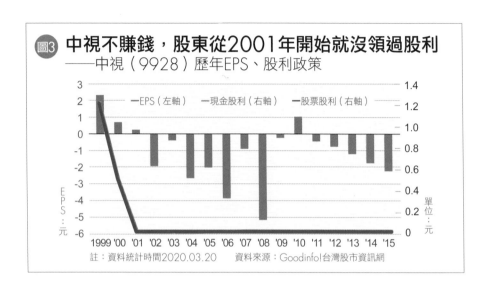

圖3 **中視不賺錢，股東從2001年開始就沒領過股利**
──中視（9928）歷年EPS、股利政策

註：資料統計時間2020.03.20　　　資料來源：Goodinfo!台灣股市資訊網

過去法規給予的特許權利，形成寡占優勢而勝過競爭對手。過去電視頻道只有台視、華視、中視等「老三台」，等於台灣所有的收視觀眾只有3種選擇，也造就當時老三台動輒都在20%、30%以上的高收視率，廣告收入源源不斷。

但是在1993年，政府正式開放第四台合法化，等同宣告老三台的護城河消失。隨著競爭對手愈來愈多，老三台的營運也面臨嚴重的威脅，這由老三台當中唯一上市的中視（9928）股價表現可以看出來。

中視在1999年8月上市，2000年時股價達到最高點，每股69

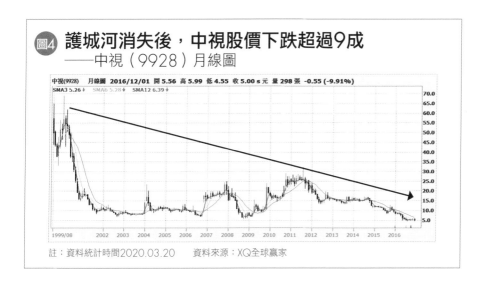

圖4 護城河消失後，中視股價下跌超過9成
——中視（9928）月線圖

中視(9928) 月線圖 2016/12/01 開 5.56 高 5.99 低 4.55 收 5.00 s 元 量 298 張 -0.55 (-9.91%)
SMA3 5.26 ↓ SMA6 5.28 ↓ SMA12 6.39 ↓

註：資料統計時間2020.03.20　　資料來源：XQ全球贏家

元，然而隨著競爭加劇，過去的護城河優勢已不再，中視自 2002 年
轉為虧損，除了 2010 年之外，至今幾乎年年都賠錢，發不出任何股
利（詳見圖 3），股價也一路走低至 2016 年底僅剩下 5 元（截至
2016.12.26，詳見圖 4）。2020 年受到新型冠狀病毒（俗稱武漢
肺炎）疫情的影響，股價來到 3.79 元（2020.03.17 盤中價）。

　艾蜜莉指出，投資競爭優勢是建立在法規特許之上的企業，投資人一
定要關注修法動向，如果修法方向不利企業的話，就算還沒有到三讀
通過的最後定案，建議投資人應該還是要先保守為上。例如《電業法》
的修正，可能就會對台汽電（8926）造成影響，出現這樣的狀況雖然

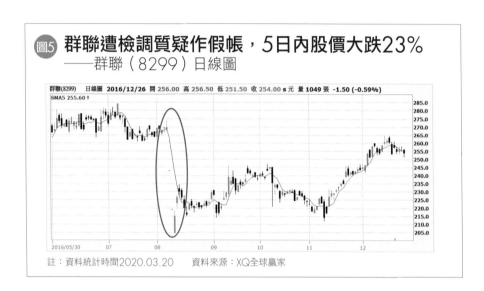

圖5 群聯遭檢調質疑作假帳，5日內股價大跌23%
——群聯（8299）日線圖

群聯(8299) 日線圖 2016/12/26 開 256.00 高 256.50 低 251.50 收 254.00 s 元 量 1049 張 -1.50 (-0.59%)
SMA5 255.60 ↑

註：資料統計時間2020.03.20　　資料來源：XQ全球贏家

不見得要立刻就賣掉所有持股，但可以先調整持有部位，且就算股價走低，也不宜再加碼，應該等法規明確之後再行判斷。

警訊3》財報造假、涉及不法公司，不值得續抱

企業經營除了產業、產品優勢之外，許多存股達人也相當重視的一點就是企業以及經營者的誠信。這一點雖然難以量化，無法顯示在獲利、營收等財務數據當中，但卻常是一家企業能否長期穩健經營的關鍵。

畢竟若是企業高層涉及淘空、背信、炒股、財報造假等弊案，投資者

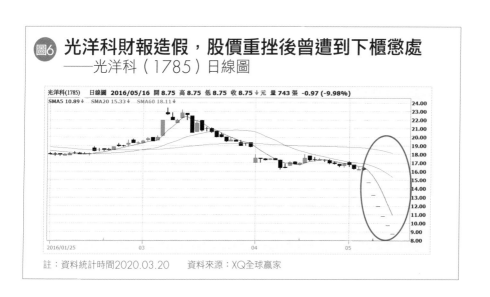

圖6 光洋科財報造假，股價重挫後曾遭到下櫃懲處
——光洋科（1785）日線圖

光洋科(1785) 日線圖 2016/05/16 開 8.75 高 8.75 低 8.75 收 8.75↓元 量 743 張 -0.97 (-9.98%)
SMA5 10.89↓ SMA20 15.33↓ SMA60 18.11↓

註：資料統計時間2020.03.20　　資料來源：XQ全球贏家

等於就是在投資一顆未爆彈，就算營運、獲利表面看起來無虞，但仍
有可能在未來你不知道的地方爆發問題，甚至進而拖累原來正常營運
的本業。因此在艾蜜莉的存股選擇標準中，只要過去、現在涉及相關
不法事跡的企業，都會列為拒絕往來戶。

更何況企業一旦傳出這樣的消息時，股價都會大幅下跌，嚴重者更
會面臨停止交易、甚至下市。例如，全球前 2 大快閃記憶體（NAND
Flash）IC 控制晶片商群聯（8299），在 2016 年 8 月就遭檢調懷疑
作假帳，股價由 8 月 5 日的 267 元開始下跌，至 10 日最低 204 元，
短短不到 5 個交易日之內下跌 23%（詳見圖5）。

表1	**當會計師出具保留意見，財報恐有疑慮**

——會計師查核意見判斷方法

會計師查核意見	投資人簡易判斷
無保留意見	財報無疑慮，股票可持續持有
修正式無保留意見	財報無疑慮，股票可持續持有
保留意見	財報有疑慮，股票不宜再持有
否定意見	財報有疑慮，股票不宜再持有
無法表示意見	財報有疑慮，股票不宜再持有

資料來源：星風雪語

　　另一家上櫃公司光洋科（1785）更因為承認作假帳，遭到停止交易、下櫃的懲處，使得握有光洋科股票的投資人面臨無處可賣股的絕境（詳見圖6）。要等到財報造假事件爆發後才處理股票，畢竟時機已經太晚，建議投資人在平時企業出具財報時，就可以開始觀察。

　　但是，財報密密麻麻一大本，難不成要看完整本嗎？況且看了也不見得都懂。不用這麼辛苦，只需要看財報開頭的「會計師查核報告」即可。恩汎理財投資團隊創辦人星風雪語指出，只要會計師查核意見最後出現「保留意見」、「否定意見」或「無法表示意見」，這樣的公司財報恐怕就頗有令人疑慮之處，畢竟連最懂財報的會計師，都持保留意見了，那麼顯然這類企業的股票，也不適合繼續持有（詳見表1）。

Chapter 2

Chapter 3

Chapter 4

Chapter 5

Chapter 6

Chapter 7

6-2 2數據檢驗企業獲利 快篩營運惡化公司

　　除了像上一章所述（詳見6-1），你可以透過觀察產業趨勢、企業高層的經營態度等「質化」指標，作為判斷存股淘汰的因素之外，企業「量化」的財報數據更是不能忽視！

　　畢竟財務數據就是企業的成績單，存股當然是希望能夠藉由投資在長期績優、能夠持續進步的企業獲得報酬，成績差的則要盡早淘汰。而透過觀察財務數據，能夠讓你更明確、客觀的判斷企業現下的狀況。

　　但是，不要誤會了，這不是要投資人必須要看懂所有財報上的財務數字。作為一個長期持股的存股人，如果研究時間不多，那麼你只要定期重點觀察 2 個財務數據就可以了，一是「月營收」、另一則是「稅後淨利」。

數據1》月營收：年增率連6個月下滑就該出脫

　　企業絕大多數的財務數據都是一季才公布一次（詳見圖1），唯有「月

圖1 企業每季都必須在規定時間前公布上季季報
——上市櫃公司財報發布時間

第1季季報	第2季季報	第3季季報	全年年報
每年5月15日之前公布	每年8月14日之前公布	每年11月14日之前公布	次年3月31日前公布

營收」例外，因此每季季報出爐之間的空檔當中，每月公布一次的營收就是投資人觀察企業營運狀況最即時的風向球！

　　要如何利用月營收表現，判斷企業營運狀況好壞呢？就如同先前在介紹營收時所說的（詳見2-2），企業營運會受到季節因素影響，而有淡旺季之分，在淡旺季之間的營收差距可能會相當明顯，因此並不適合以月營收的月增率或是季增率，作為企業營運轉壞的判斷標準，而是應該以月營收的「年增率」為準。

　　至於企業營收年增率出現怎樣的表現時，就代表你應該要警惕呢？一般來說，穩定經營的企業，月營收年增率通常都能緩步向上成長，或是會在一個區間內小幅波動，甚至偶爾難免會出現小幅負值，也就是與去年同期相比營收負成長。然而，當這樣的狀況出現時，你並不用

圖2 五鼎月營收年增率在2013年連續衰退，拖累股價
──五鼎（1733）單月營收年增率、股價月均價

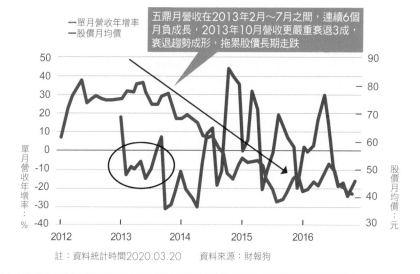

━ 單月營收年增率
━ 股價月均價

五鼎月營收在2013年2月～7月之間，連續6個月負成長，2013年10月營收更嚴重衰退3成，衰退趨勢成形，拖累股價長期走跌

單月營收年增率：%

股價月均價：元

註：資料統計時間2020.03.20　　資料來源：財報狗

圖3 五鼎現金股利自2012年起一路下滑
──五鼎（1733）歷年現金股利

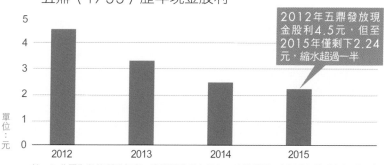

2012年五鼎發放現金股利4.5元，但至2015年僅剩下2.24元，縮水超過一半

單位：元

註：1.此圖為盈餘所屬年度，實際配發則在隔年，也就是說，2015年的現金股利，實際配發時間是2016年；2.資料統計時間2020.03.20
資料來源：Goodinfo!台灣股市資訊網

227

太慌張，因為這只能算是企業營收的小波動，並不代表企業營運出現問題了。

不過，若當營收衰退成為趨勢時，你就必須要提高警覺了！多久期間可以算是趨勢呢？一般來說，會至少以 3 個月為觀察期，若是營收年增率連續 3 個月下滑或衰退，就代表企業營運可能出了一些狀況，就更需要密切觀察這檔個股的後續走勢。

而若是營收年增率連續 6 個月都下滑，甚至負成長，此時你就應該要先減碼手中的存股，若狀況持續惡化、不見改善，甚至要考慮全面出清。

因為這代表企業在這半年之間，都無力扭轉營收惡化的狀況，衰退趨勢已經成形，且一旦趨勢成形通常會延續一段長時間，將會更進一步拖累其他財務數據，股價、股利當然也會跟著縮水，這樣的股票當然就已不再是理想的存股標的了。

例如，專做血糖測試片的五鼎（1733）就在 2013 月營收年增率連續 6 個月衰退，股價也隨之轉跌，由 81 元月均價的高峰，下跌至 2016 年底股價已近乎腰斬（詳見圖 2），現金股利也由 2012 年起年年下滑，由每年配發 4.5 元，至 2015 年只有 2.24 元（詳見圖 3）。

圖4 **稅後淨利和去年同期相比，若為負值代表衰退**
—— 稅後淨利年增率公式

稅後淨利
年增率 ＝ (當季
稅後淨利 － 前一年同期
稅後淨利) / 前一年同期
稅後淨利

當數值為負時，代
表稅後淨利衰退

Chapter 2

Chapter 3

Chapter 4

Chapter 5

Chapter 6

Chapter 7

之後股價一路下滑，2020 年 3 月已經不到 20 元，而現金股利也跌
至 1 元以下。

數據2》稅後淨利：1～2季較去年衰退宜出清

除此之外，比起營收衰退，獲利下滑的股票更是留不得。一家上市
企業的股票值得買來存，當然就是希望企業靠著長期穩定的獲利能力，
能夠持續幫股東賺錢；但是一旦企業的賺錢能力變得不穩定，甚至由
賺錢轉成虧錢的時候，這樣的公司當然就不再適合長期持有，畢竟獲
利才是投資人投資企業的最終目的。因此就算營收還在成長，但只要
企業的獲利能力下滑，這樣的企業也不宜再繼續持有。

至於該如何觀察獲利是否下滑？又要以多長的觀察期為標準呢？靠

王品稅後淨利從2013年Q3開始連續衰退10季
——王品（2727）稅後淨利年增率

	2013年		2014年		2015年	
	稅後淨利（百萬元）	年增率（%）	稅後淨利（百萬元）	年增率（%）	稅後淨利（百萬元）	年增率（%）
第1季	347	22.61	341	-1.72	232	-31.96
第2季	303	13.06	243	-19.80	144	-40.74
第3季	303	-16.07	232	-23.43	38	-83.62
第4季	162	-34.94	73	-54.94	-187	N/A

註：資料統計時間 2020.03.20　　資料來源：財報狗

著存股擁有超過 3,000 萬元資產的華倫建議，獲利可透過稅後淨利年增率來觀察（計算公式詳見圖4），而稅後淨利是每一季公布一次，只要發現 1～2 季的稅後淨利與去年同期相比衰退，這樣的股票就不宜再留，因為同樣的，獲利衰退也已形成趨勢。

　　餐飲連鎖集團王品（2727）就是一例，王品於 2012 年正式掛牌上市，股價曾一度高達 529 元，一度是觀光類股王。然而，在 2013 年第 3 季時王品的經營開始出現狀況，當時雖然月營收仍保持雙位數以上的成長率，但獲利卻出現明顯的落差，2013 年第 3 季獲利出現負成長（詳見表 1）。更糟糕的是，這不是一時的現象，2013 年第 4 季獲利衰退幅度更深，甚至連續 10 季衰退，也使得股價由高點反轉向

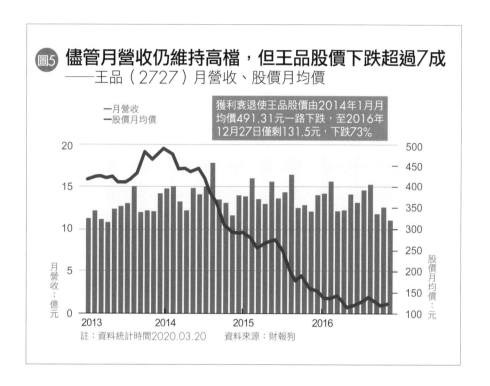

圖5 **儘管月營收仍維持高檔，但王品股價下跌超過7成**
——王品（2727）月營收、股價月均價

■月營收
■股價月均價

獲利衰退使王品股價由2014年1月月均價491.31元一路下跌，至2016年12月27日僅剩131.5元，下跌73%

月營收：億元

股價月均價：元

2013　2014　2015　2016

註：資料統計時間2020.03.20　資料來源：財報狗

下，由 2014 年的高峰下跌超過 7 成（詳見圖 5）。截至 2020 年 3 月 20 日，王品的股價僅剩 53.1 元。

另外，若是單季的稅後淨利衰退幅度超過 10%，則就代表獲利惡化的情況非常嚴重，這時候更是要立刻出清持股，就算沒有賺錢也要出場，因為最怕的是再繼續持有個股，恐怕非但賺不了錢，反而會開始虧錢。

　　投資絕對要注重紀律，當客觀數據已經出現警訊時，此時就應該要遵守投資紀律操作，而不是心存僥倖，期望未來獲利可能再回升，或是糾纏不清捨不得賣。一定要記得，投資寧願少賺，或是不賺，都不能讓虧損擴大，保護本金才是最重要的。

Chapter 2

Chapter 3

Chapter 4

Chapter 5

Chapter 6

Chapter 7

圖解教學　查詢稅後淨利

STEP 1

連結財報狗網站（statementdog.com），輸入個股代碼查詢，這裡以❶王品（2727）為例。接著點選❷「財務報表」，並選擇❸「損益表」，可在下方欄目只勾選❹「稅後淨利」，就可以看到稅後淨利單獨呈現的走勢圖。

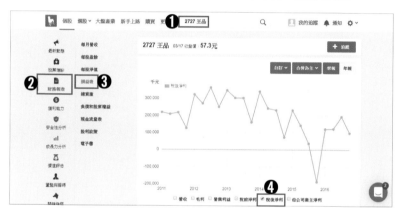

STEP 2

也可以將電腦畫面往下拉，就可以在同一頁面中，看到❶「稅後淨利」的詳細數字。

年度/季度	20153	20154	20161	20162	20163	20164
營收	4,330,084	3,903,833	4,199,405	3,947,168	4,167,204	3,785,090
毛利	2,052,110	1,792,641	2,053,448	1,943,644	2,100,277	1,797,601
銷售費用	1,708,883	1,595,878	1,618,916	1,503,195	1,521,136	1,413,810
管理費用	234,216	231,826	241,581	233,813	256,746	223,789
研發費用	4,283	4,294	2,462	2,728	3,445	5,254
營業費用	1,947,382	1,831,998	1,862,959	1,739,736	1,781,327	1,642,853
營業利益	104,728	-39,357	190,489	203,908	318,950	154,748
稅前淨利	70,233	-208,115	165,609	180,482	287,342	161,832
稅後淨利	37,737	-186,755	122,783	123,872	194,980	99,050

註：資料統計時間 2020.03.20　　資料來源：財報狗

233

中華電》國內電信龍頭
7-1 營收與股利政策穩定

　　中華電（2412）成立於 1996 年，為國內最大的綜合性電信公司，主要業務有 4 個：1. 國內固定通信，包括市話、長途電話、寬頻接取，2019 年營收占比為 36.6%；2. 行動通信，包括 4G 行動通信服務、文字／多媒體簡訊、來電答鈴、影音串流等，2019 年營收占比為 42%；3. 網際網路，包含寬頻（ADSL 與光世代）、固接專線與撥接上網服務等，2019 年營收占比為 15.6%；4. 國際固定通信，包括國際直撥電話 009、超值型國際經濟電話 019 等，2019 年營收占比為 5.8%（詳見圖 1）。

中華電行動電話市占率，遠勝過台灣大與遠傳

　　截至 2019 年 12 月為止，中華電在國內固定通信方面，市話的客戶數有 1,016 萬戶，市占率為 92.5%、分鐘數的市占率為 83.5%；長途電話分鐘數的市占率為 82%；寬頻接取的客戶數有 440 萬戶，市占率為 68%。在行動電話方面，客戶數有 1,065 萬戶，市占率為 36.5%，勝過台灣大（3045）的 24.4%，以及遠傳（4904）的

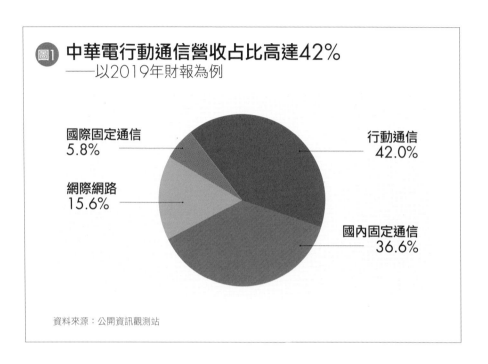

圖1 中華電行動通信營收占比高達42%
——以2019年財報為例

國際固定通信
5.8%

網際網路
15.6%

行動通信
42.0%

國內固定通信
36.6%

資料來源：公開資訊觀測站

24.3%。在網際網路方面，客戶數有 400 萬戶，市占率為 64.4%。
另外，在國際固定通信方面，國際網路分鐘數的市占率為 69.6%（詳
見表 1）。

從前述資料可以看出，中華電在各個服務項目的市占率都是第 1 名，
可以說是產業的龍頭，非常值得關注。

在了解中華電的基本資訊後，接著，我們就可以從股利政策、每月營

Chapter 2
Chapter 3
Chapter 4
Chapter 5
Chapter 6
Chapter 7

表1

中華電市話市占達92.5%，屬於產業龍頭股
——中華電服務項目市占率

服務項目		客戶數市占率（％）	分鐘數市占率（％）
國內固定通信	市話	92.5	83.5
	長途電話	N/A	82.0
	寬頻接取	68.0	N/A
行動通信		36.5	N/A
網際網路		64.4	N/A
國際固定通信		N/A	69.6

註：N/A表示無資料　　資料來源：公開資訊觀測站

收、股東權益報酬率（ROE）、自由現金流和負債比等財務指標，來觀察中華電的獲利能力和安全性。

股利政策方面，從近5年（2015年～2019年）的數據可知，中華電的現金股利發放率分別為97.52%、99.37%、95.77%、95.73%和97.79%，至少都在95%以上，而所配發的現金股利分別為4.86元、5.49元、4.94元、4.8元和4.48元，都在4元以上，可以說是非常穩健（詳見圖2）。

每月營收方面，從圖3中可以看出，中華電的營收數據非常穩定，

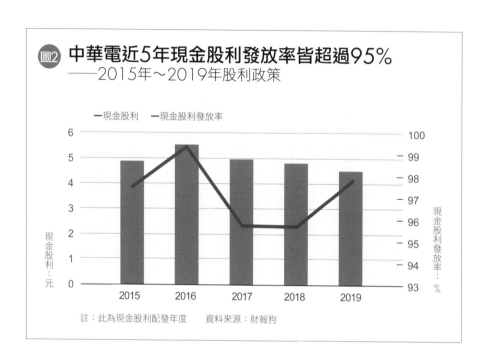

圖2 **中華電近5年現金股利發放率皆超過95%**
──2015年～2019年股利政策

━現金股利　━現金股利發放率

現金股利：元

現金股利發放率：%

2015　2016　2017　2018　2019

註：此為現金股利配發年度　　資料來源：財報狗

沒有太大的波動，那是因為中華電屬於成熟型企業，客源穩定，所以營收的波動幅度不大。

　　ROE 方面，中華電近 5 年的數據分別為 11.75%、11.07%、10.75%、9.59% 和 8.74%，平均為 10.38%，滿足「近 5 年 ROE 平均大於 10%」的標準。雖然中華電的 ROE 出現逐年下滑的趨勢，但是，由於中華電為台灣最大的電信龍頭，因此有穩定的獲利來源，投資人無須過度擔憂。

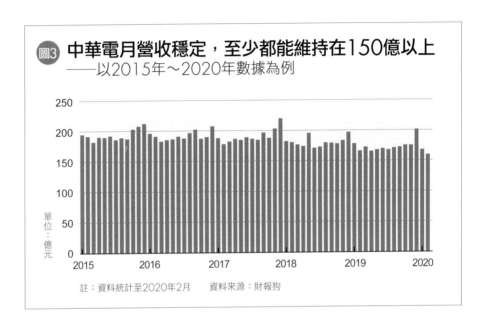

圖3 中華電月營收穩定，至少都能維持在150億以上
——以2015年～2020年數據為例

單位：億元

註：資料統計至2020年2月　資料來源：財報狗

　　自由現金流方面，中華電近5年的數據分別為458億7,155萬7,000元、432億8,916萬5,000元、342億1,133萬8,000元、337億5,259萬6,000元和453億39萬1,000元，皆為正數，代表中華電配息的來源全部都是靠公司賺來的，不是透過借錢，投資人可以安心。

　　負債比方面，中華電近5年的數據分別為17.44%、16.98%、17.19%、17.27%和19.07%，雖然有逐年增加的趨勢，但是，數值仍然偏低，表示公司的財務體質仍然健全。

表2 定期定額買進中華電，年化報酬率7.6%
——每年1月10日投入10萬元，股利隔年再投入

買進日期	收盤價	每年買進股數	買股資金		當年每股現金股利	當年實領現金股利
			自出資金	股利再投入		
2015.01.12	93.7	1,067	99,978	0	4.86	5,186
2016.01.11	100.0	1,051	100,000	5,186	5.49	11,628
2017.01.10	102.0	1,094	100,000	11,628	4.94	15,867
2018.01.10	108.5	1,067	100,000	15,867	4.80	20,539
2019.01.10	107.0	1,126	100,000	20,539	4.48	24,214
2020.01.10	109.5	1,134	100,000	24,214	4.23	27,660
合計		6,539	599,978			

累積報酬率

＝〔（持有總股數×2020年2月27日收盤價＋2020年現金股利）－總投入成本〕／
　總投入成本×100%

＝〔（6,539股×108元＋27,660元）－599,978元〕／599,978元×100%

＝22% ◄ 年化報酬率7.6%

註：單位為元；當年實領現金股利採四捨五入計；股利以配發年度認列
資料來源：公開資訊觀測站、Goodinfo! 台灣股市資訊網、XQ 全球贏家

從前述資料得知，中華電近 5 年的股利發放穩定、每月營收變動幅度不大、自由現金流量皆為正數，而且負債比偏低，表示公司財務體質穩健，雖然 ROE 略有下滑，但是，因為中華電在電信業的龍頭地位不容易被取代，所以投資人可以放心投資。

若以回測數據來看，假設自 2015 年起，每年 1 月 10 日（如遇假日，

則延後一個交易日）以 10 萬元買進中華電，並且將每年領到的現金股利於隔年再投入，直到 2020 年 2 月 27 日為止（當天收盤價為 108 元），中華電持有 5 年多的累積報酬率為 22%，年化報酬率為 7.6%（詳見表 2）。

大統益》食用油品大廠
近5年ROE達23.9%

大統益（1232）成立於 1982 年，為台灣最大的食用油脂製造商，以旗下子公司「美食家」為品牌銷售產品，主要股東為統一（1216，持股 38.5%）、泰華油脂（持股 19.49%）、大成（1210，持股 9.64%）。

黃豆加工設備日產能4700公噸，市占率逾50%

根據大統益 2019 年公布的年報資料可知，大統益的營收來源主要有 4 大項（詳見圖1），分別為黃豆粉（又稱大豆粉，占 40.83%）、精製沙拉油（占 15.33%）、加工收入（占 2.52%）、其他及商品銷售收入（包含各種穀物的進口與加工、乳品、調味料、飼料、醣類與其他食品材料的製造與批發等，占 41.32%）。

黃豆粉是植物性蛋白的主要來源，為飼料配方中的主要原料，主要供應飼料相關產業，目前客戶範圍涵蓋飼料廠、發酵豆粉廠、畜牧業者、水產養殖業者等；精製沙拉油則為用途最廣的植物油，客戶範圍涵蓋

Chapter 1
Chapter 2
Chapter 3
Chapter 4
Chapter 5
Chapter 6
Chapter 7

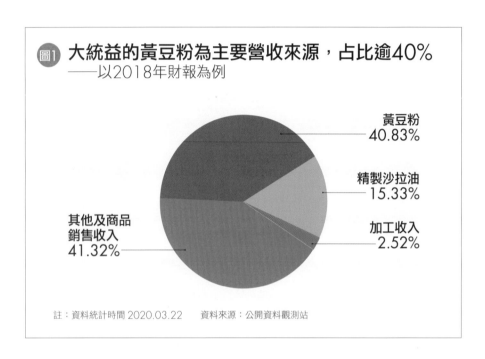

圖1　大統益的黃豆粉為主要營收來源，占比逾40%
——以2018年財報為例

黃豆粉
40.83%

精製沙拉油
15.33%

加工收入
2.52%

其他及商品
銷售收入
41.32%

註：資料統計時間 2020.03.22　　資料來源：公開資料觀測站

餐飲通路、食品加工、化工及小包裝油品等。就目前情況而言，大統益在這兩者的產量皆為全台第一名。

　　除了上述產品之外，大統益近幾年來亦陸續推出非基改選豆、非基改芥花油、全脂豆粉等產品，就是希望藉由新商品來增強競爭力。與其他同業相比較，目前台灣共有 4 家黃豆加工廠，而大統益擁有日產能4,700 公噸的黃豆加工設備，占市場整體產能的 50% 以上，極具有規模優勢。

圖2 大統益近5年皆能配發出5元的現金股利
——2015年～2019年股利政策

現金股利：元

現金股利發放率：%

■ 現金股利　■ 現金股利發放率

2015　2016　2017　2018　2019

註：此為現金股利配發年度　　資料來源：財報狗

　　了解大統益的基本資訊以後，接著，我們可以從股利政策、每月營收、股東權益報酬率（ROE）、自由現金流和負債比等財務指標觀察大統益的獲利能力和安全性。

　　股利政策方面，從近 5 年（2015 年～ 2019 年）的數據可知，大統益的現金股利發放率分別為 81.04%、87.72%、89.61%、97.85% 和 88.18%，都在 80% 的標準以上，而且每年配發 5 元的現金股利，可以說是非常穩健（詳見圖 2）。

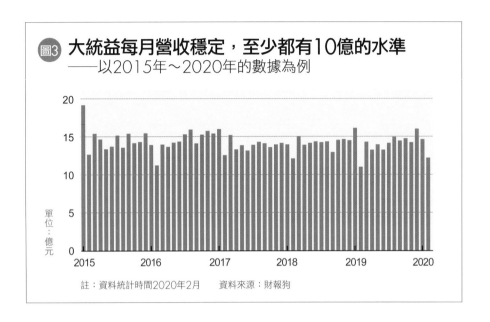

圖3 大統益每月營收穩定，至少都有10億的水準
──以2015年～2020年的數據為例

單位：億元

註：資料統計時間2020年2月　　資料來源：財報狗

　　每月營收方面，從圖3中可以看出，大統益的數據平穩，除了季節性增減之外（由於農曆春節普遍在2月，受到工作天數變少的影響，因此營收普遍偏低），並沒有太大的波動，代表大統益的營收來源穩定，投資人可以安心持有。

　　ROE方面，大統益近5年的數據分別為25.3%、24.03%、21.8%、23.85%和24.75%，平均為23.95%，遠高於「近5年ROE平均大於10%」的標準，代表大統益的獲利能力良好，是值得投資的好股。

Chapter 2

Chapter 3

Chapter 4

Chapter 5

Chapter 6

Chapter 7

 表1 定期定額買進大統益，年化報酬率19.5%
——每年1月10日投入10萬元，股利隔年再投入

買進日期	收盤價	每年買進股數	買股資金		當年每股現金股利	當年實領現金股利
			自出資金	股利再投入		
2015.01.12	71.2	1,404	99,965	0	5	7,020
2016.01.11	74.0	1,446	100,000	7,020	5	14,250
2017.01.10	84.6	1,350	100,000	14,250	5	21,000
2018.01.10	91.0	1,329	100,000	21,000	5	27,645
2019.01.10	98.4	1,297	100,000	27,645	5	34,130
2020.02.10	121.0	1,108	100,000	34,130	5	39,670
合計		7,934	599,965			

累積報酬率
＝〔（持有總股數×2020年2月27日收盤價＋2020年現金股利）－總投入成本〕／
　總投入成本×100%
＝〔（7,934股×122元＋39,670元）－599,965元〕／599,965元×100%
＝67% ◀ 年化報酬率19.5%

註：單位為元；當年實領現金股利採四捨五入計；股利以配發年度認列
資料來源：公開資訊觀測站、Goodinfo! 台灣股市資訊網、XQ 全球贏家

　　自由現金流方面，大統益近5年的數據分別為12億8,672萬9,000元、7億3,541萬2,000元、10億6,944萬9,000元、12億3,326萬元，以及9億6,065萬5,000元，數值皆為正數，代表大統益配息的來源全部都是靠自己賺來的，並非透過借貸而來，投資人可以安心。

　　負債比方面，大統益近 5 年的數據分別為 23.69%、30.91%、29.85%、27.94% 和 28.86%，雖然近幾年數值有小幅上升，但是與同業相比仍然偏低，表示公司的財務體質仍屬健全。

　　從前述資料可知，大統益近 5 年的股利發放穩定、每月營收變動幅度不大、自由現金流量皆為正數，加上每年的 ROE 都在 20% 以上，表示公司財務體質非常穩健。雖然負債比在近幾年有小幅上升趨勢，但是仍然優於同業，因此，投資人可以放心投資。

　　若以回測數據來看，假設自 2015 年起，每年 1 月 10 日（如遇假日，則延後一個交易日）以 10 萬元買進大統益，並且將每年領到的現金股利於隔年再投入，直到 2020 年 2 月 27 日為止（當天收盤價為 122 元），大統益持有 5 年多的累積報酬率為 67%，年化報酬率為 19.5%（詳見表 1）。

Chapter 1

Chapter 2

Chapter 3

Chapter 4

Chapter 5

Chapter 6

Chapter 7

7-3 可寧衛》廢棄物處理領導廠 股利配發率逾80%

可寧衛（8422）成立於 1999 年，是全台最大的事業廢棄物處理公司，擁有台灣最大的固化體獨立分區掩埋場，所謂的固化是指將客戶所產生的有害廢棄物轉變為安定化製品的處理服務。

廢棄物處理須取得執照，不易有新的競爭者加入

公司經核准處理的廢棄物項目超過 400 種，包含一般廢棄物、一般事業廢棄物與有害事業廢棄物的清運、處理與最終處置。由於此種類型的服務，不論是在專業技術、土地或執照取得，都較為困難，因此不容易有新廠商加入。

根據可寧衛 2020 年法說會的資料得知，可寧衛的收入來源主要來自於掩埋收入（占67%）、其次為固化收入（占17%）、開挖收入（占11%）和清運收入（占 5%）（詳見圖 1）。

就廢棄物的可處理量而言，可寧衛幾乎優於同業，尤其是有害廢棄物

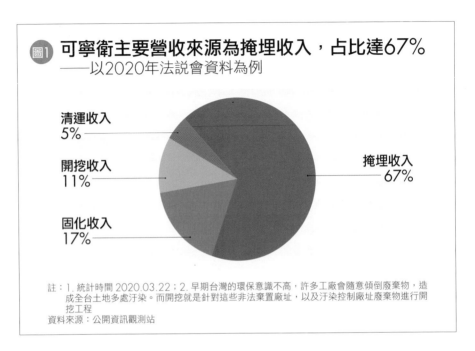

圖1 可寧衛主要營收來源為掩埋收入，占比達67%
——以2020年法說會資料為例

清運收入
5%

開挖收入
11%

固化收入
17%

掩埋收入
67%

註：1. 統計時間2020.03.22；2. 早期台灣的環保意識不高，許多工廠會隨意傾倒廢棄物，造成全台土地多處汙染。而開挖就是針對這些非法棄置廠址，以及汙染控制廠址廢棄物進行開挖工程
資料來源：公開資訊觀測站

的固化處理量，與其他同樣取得有害廢棄物許可對外營運的民營固化廠相比（例如：中聯資源（9930）、台灣瑞曼迪斯、日友（8341）環保科技彰濱廠等），可寧衛在處理量與處理廢棄物類別均較同業還高，極具競爭力（詳見表1）。

　　了解可寧衛的基本資訊以後，接著，我們可以從股利政策、每月營收、股東權益報酬率（ROE）、自由現金流和負債比等財務指標觀察可寧衛的獲利能力和安全性。

Chapter 2
Chapter 3
Chapter 4
Chapter 5
Chapter 6
Chapter 7

 可寧衛的廢棄物處理量優於同業，每月1.5萬公噸
——台灣廢棄物處理相關廠商

公司	可寧衛	中聯資源	台灣瑞曼迪斯	日友環保科技 彰濱廠
許可固化處理量 （公噸/月）	15,250	2,970	1,800	3,600
主要處理廢棄物 類別	含重金屬與 石綿廢棄物	含重金屬廢棄 物	含重金屬廢 棄物	含重金屬與 石綿廢棄物

註：資料統計時間 2020.03.22　　資料來源：公開資訊觀測站

　　股利政策方面，從近 5 年（2015 年～ 2019 年）的數據可知，可寧衛的現金股利發放率分別為 84.84%、88.34%、86.92%、87.86% 和 82.44%，都在 80% 的標準以上，每年配發的現金股利分別為 8 元、10 元、11.5 元、11 元和 10 元，都在 8 元以上，可以說是非常穩健（詳見圖 2）。

　　每月營收方面，從圖 3 中可以看出，可寧衛的數據在 2018 年 3 月來到最高點，約 3 億 4,473 萬 2,000 元。這是因為可寧衛在 2018 年認列榮工大發土壤整治專案，以及兵工廠工程專案的獲利，使得營收創新高。由於專案為一次性的獲利，因此等專案的獲利認列完畢後，可寧衛的營收又回到之前的水準。也就是說，2019 年可寧衛的營收數據較 2018 年減少，是因為專案認列的關係，而不是公司的獲利出

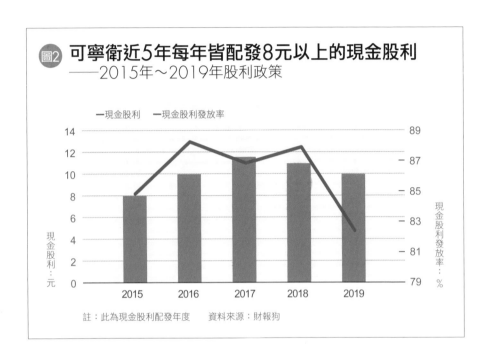

圖2 **可寧衛近5年每年皆配發8元以上的現金股利**
——2015年～2019年股利政策

註：此為現金股利配發年度　　資料來源：財報狗

現衰退，投資人無須過度擔憂。

ROE 方面，可寧衛近 5 年的數據分別為 25.8%、28.09%、25.46%、24.13%、15.51%（資料統計至 2019 年第 3 季），平均為 23.8%，遠高於「近 5 年 ROE 平均大於 10%」的標準，代表可寧衛的獲利能力良好，是值得投資的好股。

自由現金流方面，可寧衛近 5 年的數據分別為 3 億 6,706 萬 9,000

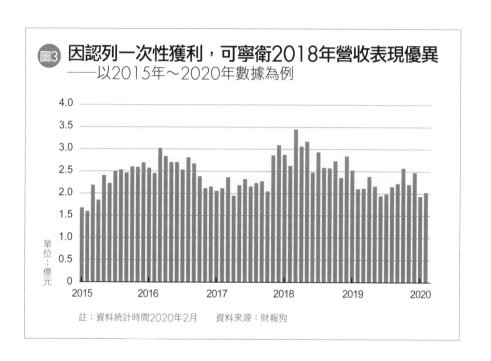

圖3 因認列一次性獲利，可寧衛2018年營收表現優異
——以2015年～2020年數據為例

單位：億元

2015　2016　2017　2018　2019　2020

註：資料統計時間2020年2月　　資料來源：財報狗

元、17億7,868萬1,000元、8億9,942萬元、9億719萬7,000元和3,038萬8,000元（資料統計至2019年第3季），皆為正數，代表可寧衛配息的錢全部都是靠自己賺來的，不是透過借貸，投資人可以安心。

負債比方面，可寧衛近5年的數據分別為14.68%、11.35%、10.73%、18.82%和23.66%（資料統計至2019年第3季），雖然近幾年數值有小幅上升，但是與同業相比仍然偏低，表示公司的財

Chapter 2
Chapter 3
Chapter 4
Chapter 5
Chapter 6
Chapter 7

定期定額買進可寧衛，年化報酬率7.5%
——每年1月10日投入10萬元，股利隔年再投入

買進日期	收盤價	每年買進股數	買股資金		當年每股現金股利	當年實領現金股利
			自出資金	股利再投入		
2015.01.12	152.0	657	99,864	0	8.0	5,256
2016.01.11	164.0	641	100,000	5,256	10.0	12,980
2017.01.10	162.0	697	100,000	12,980	11.5	22,943
2018.01.10	176.0	698	100,000	22,943	11.0	29,623
2019.01.10	169.5	764	100,000	29,623	10.0	34,570
2020.01.10	155.5	865	100,000	34,570	10.0	43,220
合計		4,322	599,864			

累積報酬率
＝〔（持有總股數×2020年2月27日收盤價＋2020年現金股利）－總投入成本〕／
　總投入成本×100%
＝〔（4,322股×159元＋43,220元）－599,864元〕／599,864元×100%
＝22%　◄ 年化報酬率7.5%

註：單位為元；當年實領現金股利採四捨五入計；股利以配發年度認列
資料來源：公開資訊觀測站、Goodinfo! 台灣股市資訊網、XQ 全球贏家

務體質健全。

　　從前述資料可知，可寧衛近 5 年的股利發放穩定、自由現金流量皆
為正數，加上每年的ROE都在20%以上，表示公司財務體質非常穩健。
2019 年每月營收較 2018 年減少，探究原因為 2018 年有 2 項專案

認列獲利的原因，並非公司獲利衰退。此外，雖然負債比在近幾年有小幅上升趨勢，但是仍然優於同業，投資人可以放心投資。

　若以回測數據來看，假設自 2015 年起，每年 1 月 10 日（如遇假日，則延後一交易日）以 10 萬元買進可寧衛，並且將每年領到的現金股利於隔年再投入，則直到 2020 年 2 月 27 日為止（當天收盤價為 159元），可寧衛持有 5 年多的累積報酬率為 22%，年化報酬率為 7.5%（詳見表 2）。

7-4 好樂迪》坐穩KTV連鎖市場 可視為安心存股標的

好樂迪（9943）成立於 1993 年，截至 2019 年 11 月共有 52 家門市，其中台北市有 10 家、新北市有 12 家、基隆市有 1 家、桃竹苗有 6 家、中彰投有 10 家、雲嘉南有 2 家、宜花東有 4 家（宜蘭店預計 2020 年第 2 季開幕）、高屏有 7 家，為國內門市數量最多的 KTV 視聽歌唱連鎖店。

根據好樂迪 2019 年法說會的資料可知，好樂迪的主要收入來源為：包廂收入占 44%、餐飲收入占 34%、公賣收入占 17%，其他收入占 5%（詳見圖 1）。

迎戰少子化衝擊，好樂迪推學生會員卡突圍

在營運行銷方面，由於 KTV 的主力族群是學生，因此，為了降低少子化所帶來的衝擊，好樂迪除了原有的「威力 E 卡」之外，也新增「學生威力 E 卡」來降低會員門檻。此外，好樂迪亦於台中西屯與屏東東港推出 V-MIX 品牌，主打科技新潮風格，以大螢幕、無線麥克風等新

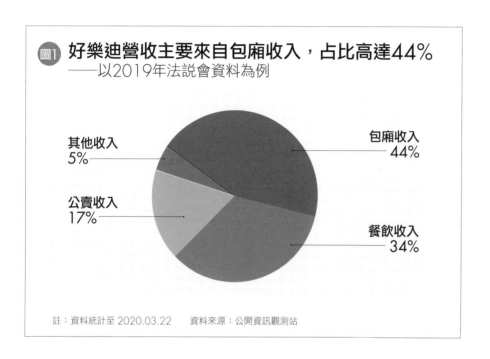

圖1 好樂迪營收主要來自包廂收入，占比高達44%
—以2019年法說會資料為例

其他收入
5%

包廂收入
44%

公賣收入
17%

餐飲收入
34%

註：資料統計至 2020.03.22　　資料來源：公開資訊觀測站

設備，以及更多樣的餐飲服務來吸引顧客。

　了解好樂迪的基本資訊以後，接著，我們可以從股利政策、每月營收、股東權益報酬率（ROE）、自由現金流和負債比等財務指標觀察好樂迪的獲利能力和安全性。

　股利政策方面，從近 5 年（2015 年～ 2019 年）的數據可知，好樂迪的現金股利發放率分別為 90.91%、58.91%、84.75%、

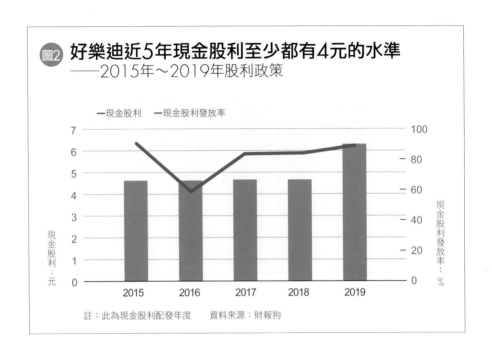

圖2 好樂迪近5年現金股利至少都有4元的水準
——2015年～2019年股利政策

註：此為現金股利配發年度　　資料來源：財報狗

84.21%和89.11%，符合近5年平均現金股利發放率達80%的標準，而2016年現金股利發放率降低，是因為2015年業外收入增加，所以顯得公司隔年發放的股利較少，不過，實際上配發的金額是差不多。此外，好樂迪2015年到2018年每年配發的現金股利皆為4元，2019年更提高至5.4元，可以説是非常理想的存股標的（詳見圖2）。

　　每月營收方面，從圖3中可以看出，好樂迪的數據平穩，除了季節性增減之外（寒暑假的營收較多），並沒有太大的波動，代表好樂迪

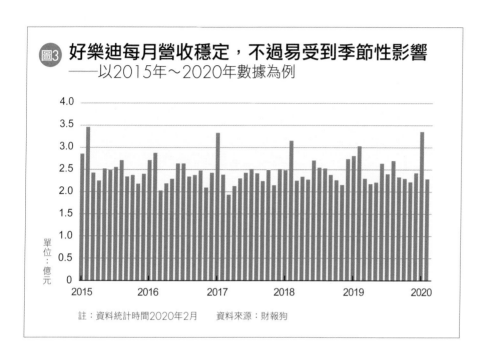

圖3 好樂迪每月營收穩定，不過易受到季節性影響
——以2015年～2020年數據為例

單位：億元

註：資料統計時間2020年2月　　資料來源：財報狗

的營收來源穩定，投資人可安心持有。

ROE方面，好樂迪近5年的數據分別為28.76%、18.69%、18.28%、22.32%和16%（資料統計至2019年第3季），平均為20.81%，遠高於「近5年ROE平均大於10%」的標準，代表好樂迪的獲利能力良好，是值得投資的好股。

自由現金流方面，好樂迪近5年（2015年～2019年）的數據分

Chapter 1
Chapter 2
Chapter 3
Chapter 4
Chapter 5
Chapter 6
Chapter 7

定期定額買進好樂迪，年化報酬率19.3%
——每年1月10日投入10萬元，股利隔年再投入

買進日期	收盤價	每年買進股數	買股資金 自出資金	買股資金 股利再投入	當年每股現金股利	當年實領現金股利
2015.01.12	39.10	2,557	99,979	0	4.0	10,228
2016.01.11	49.15	2,242	100,000	10,228	4.0	19,196
2017.01.10	50.80	2,346	100,000	19,196	4.0	28,580
2018.01.10	53.40	2,407	100,000	28,580	4.0	38,208
2019.01.10	59.90	2,307	100,000	38,208	5.4	64,039
2020.01.10	70.70	2,320	100,000	64,039	4.4	62,388
合計		14,179	599,979			

累積報酬率
＝〔（持有總股數×2020年2月27日收盤價＋2020年現金股利）－總投入成本〕／總投入成本×100%
＝〔（14,179股×66.1元＋62,388元）－599,979元〕／599,979元×100%
＝67% ◀ 年化報酬率19.3%

註：單位為元；當年實領現金股利採四捨五入計；股利以配發年度認列
資料來源：公開資訊觀測站、Goodinfo! 台灣股市資訊網、XQ 全球贏家

別為 7 億 970 萬 6,000 元、10 億 2,120 萬元、5 億 829 萬 7,000元、6 億 4,824 萬 6,000 元和 6 億 7,702 萬 5,000 元（資料統計至 2019 年第 3 季），數值皆為正數，代表好樂迪配息的資金來源全部都是靠自己賺來的，不是透過借貸來的，因此，投資人可以安心持有。

負債比方面，好樂迪近 5 年的數據分別為 18.23%、17.18%、
16.1%、15.93% 和 31.36%（資料統計至 2019 年第 3 季）。雖然
2019 年的負債比大幅提升，但是，主要是承租建築物作為辦公室與
營業門市使用，因此屬於投資的一部分，而且與同業相比，好樂迪的
負債比仍然偏低，表示公司的財務體質健全。

　從前述資料可知，好樂迪近 5 年的股利發放穩定、每月營收變動幅
度不大、自由現金流量皆為正數，加上每年的 ROE 都在 20% 以上，
表示公司財務體質穩健。雖然負債比在 2019 年上升幅度稍大，但是
主要是花在租賃建築物上，而且數值比同業低，投資人可以放心投資。

　若以回測數據來看，假設自 2015 年起，每年 1 月 10 日（如遇假日，
則延後一交易日）以 10 萬元買進好樂迪，並且將每年領到的現金股利
於隔年再投入買股，則直到 2020 年 2 月 27 日為止（當天收盤價為
66.1 元），好樂迪持有 5 年多的累積報酬率為 67%，年化報酬率為
19.3%（詳見表 1）。

7-5 德麥》烘焙原料龍頭廠 揮刀進軍餐飲通路

德麥（1264）成立於 1989 年，是國內最大烘焙原物料供應商，主要從事進口並且銷售麵包、西點、中點等產品的原物料。通路部分，公司除了持續深耕原有的連鎖烘焙店、經銷商和工業客戶之外，更跨足新式茶飲通路、日式餅乾及休閒食品工廠和團膳通路的經營。

成立美國子公司，正式踏出亞洲市場

德麥的業務範圍大多在亞洲地區，除了台灣市場（營收占比 57.57%）之外，海外布局以中國市場（中國占比 33.69%、香港占比 3.46%）為主，東南亞地區則以馬來西亞（營收占比 5.28%）為戰略據點，同時逐步擴大到對其他地區的布局。2020 年，德麥的美國子公司 Tehmag Foods Usa Corporation 成立，宣告德麥正式跨出亞洲市場，進入美國市場。

根據德麥 2019 年法說會資料可知，2019 年上半年，德麥的營收主要來自於預拌粉，占比 34.35%、日本粉，占比 15.71%、餡料，

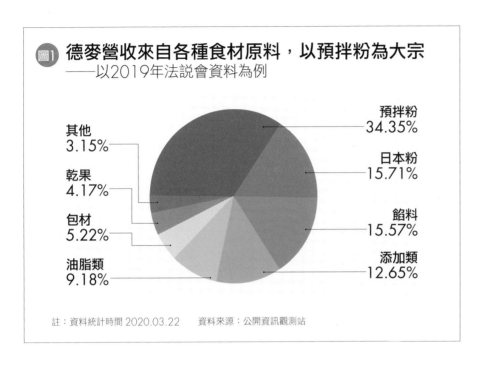

圖1 德麥營收來自各種食材原料，以預拌粉為大宗
——以2019年法說會資料為例

其他
3.15%

乾果
4.17%

包材
5.22%

油脂類
9.18%

預拌粉
34.35%

日本粉
15.71%

餡料
15.57%

添加類
12.65%

註：資料統計時間 2020.03.22　　資料來源：公開資訊觀測站

占比 15.57%、添加類，占比 12.65%、油脂類，占比 9.18%、包材，
占比 5.22%、乾果，占比 4.17%，以及其他，占比 3.15%（詳見圖1）。

　　了解德麥的基本資訊以後，接著，我們可以從股利政策、每月營收、
股東權益報酬率（ROE）、自由現金流和負債比等財務指標觀察德麥
的獲利能力和安全性。

　　股利政策方面，從近 5 年（2015 年～ 2019 年）的數據可知，德

Chapter 1
Chapter 2
Chapter 3
Chapter 4
Chapter 5
Chapter 6
Chapter 7

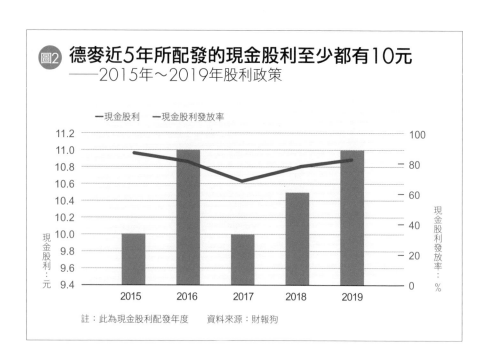

圖2　德麥近5年所配發的現金股利至少都有10元
——2015年～2019年股利政策

— 現金股利　　— 現金股利發放率

註：此為現金股利配發年度　　資料來源：財報狗

麥的現金股利發放率分別為 87.57%、82.52%、68.78%、78.3% 和 82.89%，近 5 年平均為 80.01%，符合近 5 年平均現金股利發放率大於 80% 的標準。雖然 2017 年的現金股利發放率較低，但是，當年德麥有另外發放 1 元的股票股利，配發金額並無大幅減少，而且 2018 年、2019 年的現金股利發放率亦逐步回升，來到 80% 以上的水準，顯示情況有好轉，因此，投資人無須過度擔憂。而德麥每年配發的現金股利分別為 10 元、11 元、10 元、10.5 元和 11 元，平均都在 10 元以上，可以說是非常穩健（詳見圖 2）。

圖3 德麥每年2月營收偏低，主要受春節假期影響
──以2015年～2020年數據為例

單位：億元

註：資料統計時間2020年2月　　資料來源：財報狗

　　每月營收方面，從圖 3 中可以看出，德麥的數據平穩，除了季節性增減之外（由於農曆春節多在 2 月，受到假期影響，營收通常偏低），並沒有太大的波動，代表德麥的營收來源穩定，投資人可以安心持有。

　　ROE 方面，德麥近 5 年的數據分別為 22.01%、21.94%、20.67%、20% 和 15.27%（資料統計至 2019 年第 3 季），平均為 19.98%，高於「近 5 年 ROE 平均大於 10%」的標準。雖然 ROE 的數據略有下滑，但是，觀察杜邦分析可知，主要原因是權益乘數和總

Chapter 1
Chapter 2
Chapter 3
Chapter 4
Chapter 5
Chapter 6
Chapter 7

表1　定期定額買進德麥，年化報酬率9.6%
——每年1月10日投入10萬元，股利隔年再投入

買進日期	收盤價	每年買進股數	買股資金		當年每股現金股利	當年實領現金股利
			自出資金	股利再投入		
2016.01.11	175.0	571	99,925	0	11.0	6,281
2017.01.10	201.5	527	100,000	6,281	10.0	10,980
2018.01.10	232.5	477	100,000	10,980	10.5	16,538
2019.01.10	197.0	591	100,000	16,538	11.0	23,826
2020.01.10	222.5	556	100,000	23,826	11.0	29,942
合計		2,722	499,925			

累積報酬率

＝〔（持有總股數×2020年2月27日收盤價＋2020年現金股利）－總投入成本〕／
　　總投入成本×100%

＝〔（2,722股×214元＋29,942元）－499,925元〕／499,925元×100%

＝23% ◀ 年化報酬率9.6%

註：單位為元；當年實領現金股利採四捨五入計；股利以配發年度認列
資料來源：公開資訊觀測站、Goodinfo! 台灣股市資訊網、XQ 全球贏家

資產周轉率減少，稅後淨利率並未出現下滑的趨勢，因此投資人無須太過擔憂。

　　自由現金流方面，德麥近 5 年的數據分別為 1 億 6,104 萬 1,000元、6 億 5,546 萬 1,000 元、4 億 4,343 萬 6,000 元、5 億 1,026萬 8,000 元和 3 億 4,830 萬 5,000 元（資料統計至 2019 年第 3 季）

皆為正數，代表德麥配息的錢全部都是靠自己賺來的，不是透過借錢來的，投資人可以安心。

負債比方面，德麥近 5 年的數據分別為 22.55%、17.85%、16.52%、16.35% 和 15.92%（資料統計至 2019 年第 3 季），可以看出德麥的負債比逐年下降，公司的財務體質非常健全。

從前述資料可知，德麥近 5 年的股利發放穩定、每月營收變動幅度不大、自由現金流量皆為正數，每年的 ROE 都在 15% 以上，而且負債比逐年下降，是值得投資的好標的。

若以回測數據來看，假設自 2016 年起（德麥於 2015 年 4 月上櫃，因此從 2016 年起算），每年 1 月 10 日（如遇假日，則延後一交易日）以 10 萬元買進德麥，並且將每年領到的現金股利於隔年再投入，則直到 2020 年 2 月 27 日為止（當天收盤價為 214 元），德麥持有 4 年多的累積報酬率為 23%，年化報酬率為 9.6%（詳見表 1）。

國家圖書館出版品預行編目資料

人人都能學會存股全圖解（全新增修版）/
《Smart智富》真‧投資研究室著. -- 二版. -- 臺北
市, 2020.04
　　面；　　公分
ISBN 978-986-98797-1-2(平裝)

1.股票投資 2.投資技術 3.投資分析

563.53　　　　　　　　　　　　109003089

Smart 智富
人人都能學會存股全圖解（全新增修版）

作者　《Smart 智富》真‧投資研究室
企畫　林帝佑、林晴揚、周明欣、鄭　杰、蔡名傑

商周集團
榮譽發行人　金惟純
執行長　郭奕伶
總經理　朱紀中

Smart 智富
社長　林正峰（兼總編輯）
副總監　楊巧鈴
編輯　胡定豪、施茵曼、連宜玟、陳婕妤、陳婉庭、劉鈺雯
資深主任設計　張麗珍
版面構成　林美玲、廖洲文、廖彥嘉

出版　Smart 智富
地址　104 台北市中山區民生東路二段 141 號 4 樓
網站　smart.businessweekly.com.tw
客戶服務專線　（02）2510-8888
客戶服務傳真　（02）2503-5868
發行　英屬蓋曼群島商家庭傳媒股份有限公司城邦分公司

製版印刷　科樂印刷事業股份有限公司
二版一刷　2020 年 04 月
二版六刷　2022 年 05 月
ISBN　978-986-98797-1-2

Smart智富 讀者服務卡

WBSM0015A1
《人人都能學會存股全圖解（全新增修版）》

為了提供您更優質的服務，《Smart智富》會不定期提供您最新的出版訊息、優惠通知及活動消息。請您提起筆來，馬上填寫本回函！填寫完畢後，免貼郵票，請直接寄回本公司或傳真回覆。Smart傳真專線：（02）2500-1956

1. 您若同意Smart智富透過電子郵件，提供最新的活動訊息與出版品介紹，請留下電子郵件信箱：

2. 您購買本書的地點為：□超商，例：7-11、全家
　　　　　　　　　　　　□連鎖書店，例：金石堂、誠品
　　　　　　　　　　　　□網路書店，例：博客來、金石堂網路書店
　　　　　　　　　　　　□量販店，例：家樂福、大潤發、愛買
　　　　　　　　　　　　□一般書店

3. 您最常閱讀Smart智富哪一種出版品？
　　□ Smart智富月刊（每月1日出刊）　　□ Smart叢書　　□ Smart DVD

4. 您有參加過Smart智富的實體活動課程嗎？　□有參加　　□沒興趣　　□考慮中
　　或對課程活動有任何建議或需要改進事宜：

5. 您希望加強對何種投資理財工具做更深入的了解？
　　□現股交易　　□當沖　　□期貨　　□權證　　□選擇權　　□房地產
　　□海外基金　　□國內基金　　□其他：

6. 對本書內容、編排或其他產品、活動，有需要改善的事項，歡迎告訴我們，如希望Smart
　　提供其他新的服務，也請讓我們知道：

您的基本資料：（請詳細填寫下列基本資料，本刊對個人資料均予保密，謝謝）

姓名：　　　　　　　　　　　性別：□男　□女

出生年份：　　　　　　　　　聯絡電話：

通訊地址：

從事產業：□軍人　□公教　□農業　□傳產業　□科技業　□服務業　□自營商　□家管

您也可以掃描右方QR Code、回傳電子表單，提供您寶貴的意見。

想知道Smart智富各項課程最新消息，快加入Smart課程好學Line@。